New Media

新媒体·新传播·新运营 系列丛书

短视频
与直播运营

第2版 全彩慕课版

包春玲 隗静秋 吕向阳 / 主编　　王丽 葛荣光 陶尚帅 / 副主编

人民邮电出版社
北京

图书在版编目（CIP）数据

短视频与直播运营 ：全彩慕课版 / 包春玲，隗静秋，
吕向阳主编. -- 2版. -- 北京 ：人民邮电出版社，
2023.9（2024.6重印）
（新媒体·新传播·新运营系列丛书）
ISBN 978-7-115-62104-7

Ⅰ. ①短… Ⅱ. ①包… ②隗… ③吕… Ⅲ. ①网络营
销 Ⅳ. ①F713.365.2

中国国家版本馆CIP数据核字(2023)第119346号

内 容 提 要

随着互联网不断地发展，以短视频、直播为核心载体的内容营销已经成为各方角逐和深耕的新战场。本书多角度、深层次地剖析了短视频与直播运营的策略与方法，内容涵盖认识短视频与直播、短视频内容策划、短视频拍摄与剪辑、短视频营销与变现、短视频运营实战、直播内容策划、直播技能、直播运营实战和短视频与直播融合运营案例等，手把手教读者玩转短视频与直播运营，帮助读者快速掌握短视频与直播运营的技巧和方法，抢占短视频与直播时代的红利市场。

本书内容新颖、注重实践，既适合作为高等院校电子商务类、新媒体类、市场营销类等相关专业的教学用书，也适合各行各业的新媒体运营人员和对短视频与直播运营感兴趣的读者学习。

◆ 主　　编　包春玲　隗静秋　吕向阳
　　副主编　王　丽　葛荣光　陶尚帅
　　责任编辑　连震月
　　责任印制　王　郁　彭志环
◆ 人民邮电出版社出版发行　　北京市丰台区成寿寺路 11 号
　　邮编　100164　电子邮件　315@ptpress.com.cn
　　网址　https://www.ptpress.com.cn
　　雅迪云印（天津）科技有限公司印刷
◆ 开本：700×1000　1/16
　　印张：11.5　　　　　　　2023 年 9 月第 2 版
　　字数：256 千字　　　　　2024 年 6 月天津第 4 次印刷

定价：64.00 元

读者服务热线：(010)81055256　印装质量热线：(010)81055316
反盗版热线：(010)81055315
广告经营许可证：京东市监广登字 20170147 号

前言
Preface

短视频经过多年的发展与积累，以及抖音、快手等平台的不断加持，已经形成比较成熟的运作模式，且内容种类更加丰富。而直播现已成为网络经济的风口，其强互动性能够更好地释放商业势能，通过直播间搭建起线上消费场景，将"商品与人的对话"变成"人与人的对话"，形成了带动消费爆发式增长的新营销渠道。

短视频内容表现力强，直播互动性高；短视频为直播助力引流，直播促成用户消费转化。短视频"种草"裂变，直播间"割草"变现，两者互为助力，互相补位，共同发挥作用，就形成了"短视频+直播"模式，这样可以充分发挥两者的优势，创造更高的商业价值。"短视频+直播"模式为短视频与直播行业注入沽力，也成为诸多主播和商家的首要选择。

党的二十大报告指出，"深入实施科教兴国战略、人才强国战略、创新驱动发展战略，开辟发展新领域新赛道，不断塑造发展新动能新优势"。短视频与直播行业的发展日新月异，为了紧跟行业发展，更好地满足在当前市场环境下读者对相关知识的需求，编者结合最新行业发展形势和专家反馈意见，在保留第1版教材特色的基础上，对其进行了全新改版。本次改版主要修订的内容如下。

● 根据短视频与直播行业最新的发展变化，对第1版中较为过时的案例和内容进行了更新，所讲知识更加新颖，更能体现当前短视频与直播行业的发展状况。

● 新增了部分内容，包括直播的产业链、短视频脚本的撰写、短视频与直播团队的搭建、抖音短视频数据分析、直播活动执行、短视频与直播融合运营案例等，更加符合当前的市场环境，实用性更强。

● 新增了"课后实训"板块，加强实践教学，注重知行合一，着力培养读者独立思考和运用理论知识进行实践的能力。

● 本书以落实立德树人为根本任务，新增了"素养目标"板块，致力于培养兼具工具理性与价值理性、敢闯会创的青年奋斗者。

与第1版相比，本版教材的知识体系更加完善，课程内容更加全面、新颖，更加注重理论与实践的结合，更加突出实用性，强调学、做一体化，让读者在学中做、在做中学。

本书配有慕课视频，读者使用手机扫描封面的二维码即可观看。此外，本书还提供了丰富的立体化教学资源，包括PPT课件、电子教案、教学大纲、课程标准等，选书老师可以登

前言
Preface

录人邮教育社区（www.ryjiaoyu.com）下载并获取相关教学资源。

本书由包春玲、隗静秋、吕向阳担任主编，由王丽、葛荣光、陶尚帅担任副主编。由于编者水平有限，书中难免存在不足和疏漏之处，恳请广大读者批评指正。

编　者

2023年8月

目录
Contents

目录
Contents

目录
Contents

目录
Contents

第 1 章 认识短视频与直播：内容消费新格局

知识目标

- 了解短视频、直播的特点与类型。
- 了解短视频、直播的产业链。
- 了解短视频、直播的发展趋势。
- 了解短视频与长视频的区别。
- 了解直播与短视频的关系。

能力目标

- 能够判断短视频与直播的类型。
- 能够分析短视频与直播的产业链。

素养目标

- 响应国家创新驱动发展战略，推进短视频与直播行业健康发展。
- 培育创新文化，弘扬科学家精神，涵养优良学风，营造创新氛围。

　　2016年既是短视频元年，也是直播元年，这两种内容传播形式都在之后的几年内获得了突飞猛进的发展，同时也创造了内容创业的新风口。如今，短视频与直播相互融合的趋势不断深化，要想在这一行业成功扎根，首先要了解这两种内容传播形式，然后找到适合自己的"路子"。本章将引领读者一起认识短视频与直播。

1.1　认识短视频

2016年是短视频元年，2017年和2018年则是短视频快速发展和爆发的"黄金年"。通过观察短视频用户规模数字的变化，我们能更直观地感受到其发展之迅猛。截至2022年12月，我国短视频用户规模已经突破10亿。

短视频是一种视频长度以"秒"计数，主要依托于移动智能终端实现快速拍摄与剪辑，可以在社交媒体平台实时分享与无缝对接的一种新型视频形式。

1.1.1　短视频的特点

继文字、图片和传统视频之后，短视频可以更加直接、立体地满足用户表达、沟通的需求，满足用户相互之间展示与分享的诉求。与传统视频相比，短视频主要具有以下四个特点。

1. 生产流程简单化，制作门槛低

传统视频的生产与传播成本较高，不利于其广泛传播。而短视频大大降低了生产和传播的门槛，用户可以即时拍摄并上传分享。在目前主流的短视频App中，一键添加滤镜和特效等功能简单易学，使短视频的制作过程变得非常简单，用户只需一部手机就可以完成短视频的拍摄、剪辑和发布。

2. 快餐化和碎片化

短视频的时长一般需要控制在5分钟之内，很多短视频只有15秒，这符合当下快节奏的生活方式，可以让用户充分利用碎片化时间直观、便捷地获取信息，有效地降低了获取信息的时间成本。

3. 内容个性化和多元化

短视频的表现形式多种多样，这符合"90后"和"00后"对内容个性化和多元化的需求。短视频App中自带的多种功能可以让用户充分地表达个人想法和创意，这也让短视频的内容变得更加丰富。

4. 社交属性强

短视频并非传统视频的微缩版，而是社交的延续，是一种新的信息传递方式。用户可以通过短视频App拍摄生活片段并分享到社交平台，而且短视频App本身也具有点赞、评论、私信、分享等功能。短视频的信息传播力强，范围广，具有很强的交互性，为用户创作和分享短视频提供了有利条件。

1.1.2　短视频的类型

目前短视频的内容十分丰富，类型多种多样，它可以满足各类用户的娱乐或学习需求。短视频的类型主要分为以下几种。

● **搞笑类**：很多用户看短视频的目的是娱乐消遣，缓解压力，舒缓心情，因此搞笑内容在短视频中占有很大的比重。搞笑类短视频一般有两种，即情景剧和脱口秀。

● **访谈类**：访谈类短视频一般是街访短视频。街访短视频主要以一个话题开头，让

路人就相关话题进行回答，亮点在于路人的反应，其中很多"梗"（即笑点）是可以重复使用的。由于话题性很强，这类短视频的流量往往会很大。

● **电影解说类**：创作这类短视频要求创作者的声音具有辨识度，且善于挖掘电影素材，电影素材一般选自热门电影或经典电影，创作者需要解说影片内容并对电影进行盘点。

● **时尚美妆类**：这类短视频主要面向追求和向往美丽、时尚、潮流的女性群体。时尚美妆博主通过发布自己的化妆短视频，逐渐积累自己的粉丝。当粉丝量足够多时，美妆博主就可以与美妆品牌商合作并创作短视频，这已经成为时尚美妆行业营销的重要推广方式之一。

● **文艺清新类**：这类短视频主要针对"文艺青年"，内容大多涉及生活、文化、习俗、风景等，风格类似于纪录片、微电影，画面文艺、优美，色调清新、淡雅。

● **才艺展示类**：这类短视频中的内容包括唱歌、跳舞、演奏乐器、健身、厨艺展示等。

● **实用技能类**：这类短视频又可以细分为多种类型，包括PPT类短视频、讲解类短视频、动作演示类短视频和动画类短视频等。PPT类短视频又称清单式短视频，制作起来非常简单，只需一些图片、文字、再配上音乐即可；讲解类短视频主要是传播"干货"知识，制作起来也非常简单，创作者只需把手机架好，然后对着镜头讲解即可，在后期剪辑时可以添加一些字幕；动作演示类短视频通常以生活小窍门为切入点，这类短视频的剪辑风格清晰，节奏较快；动画类短视频风格幽默风趣，不管是学习知识的人，还是纯粹想娱乐休闲的人，都会对这类短视频产生深刻的印象。

● **正能量类**：不管什么时候，正能量都会受到用户的欢迎，所以发布正能量的短视频容易激发用户的共鸣，而短视频平台也会用流量扶持的方式来引导创作者发布与正能量有关的内容。因此，创作者要坚持正确的创作方向，积极传播正能量。

↘ 1.1.3　短视频的产业链

随着用户规模的不断增长，目前短视频行业已经形成了庞大的产业链。短视频的产业链主要分为内容生产端、内容分发端和用户端，其中内容生产端和内容分发端是核心。

1. 内容生产端

内容生产端有多种内容生产方式，如用户生成内容（User Generated Content，UGC）、专业生成内容（Professional Generated Content，PGC）和专业用户生成内容（Professional User Generated Content，PUGC）。

● **UGC**：主要是普通用户自主创作并上传的内容，特点是成本低，制作简单，具有很强的社交属性，但商业价值低。

● **PGC**：PGC生产者具备专业的知识和资质，主要包括垂直领域的专家、传统媒体从业者、自媒体团队和专业的娱乐影视团队等，他们的专业水平保证了短视频的质量，同时也丰富了各垂直领域的短视频内容，所以吸引了越来越多的流量。

● **PUGC**：这里所说的专业用户是指拥有粉丝基础的"网红"，或者拥有某一领域专业知识的关键意见领袖（Key Opinion Leader，KOL）。这类短视频内容生产方式的特点是成本较低，但由于用户有人气基础，所以商业价值高。

2. 内容分发端

内容分发端主要包括内嵌短视频的综合平台、垂直短视频平台和传统视频平台，这些平台的代表应用与特征如表1-1所示。

表1-1 内容分发端各类型平台的代表应用与特征

平台类型	代表应用	特征
内嵌短视频的综合平台	微信、微博、百度和今日头条	主要是社交平台或资讯平台，自身用户体量巨大
垂直短视频平台	抖音、快手、美拍、西瓜视频	内容丰富多样，侧重算法推荐
传统视频平台	爱奇艺、腾讯视频和优酷视频	已有大量的视频用户，起点高

综合来看，短视频行业的产业链特征如下。

● **短视频行业主体呈"金字塔"形态**：UGC内容十分丰富，但内容质量难以保障，商业价值低，所以处于"金字塔"最底端；PGC和PUGC大多比较精良，商业价值高，所以处于"金字塔"中端；处于"金字塔"最顶端的是多频道网络服务（Multi-Channel Network，MCN）机构，它们聚合了绝大多数头部优质创作者，利用专业化团队帮助创作者宣传和变现，同时孵化新的头部创作者，吸引了众多平台争相与其合作。

● **MCN商业模式崛起，帮助各创作者实现高效沟通**：由于短视频平台存在海量内容，创作者不计其数，所以需要专业且统一的管理与运营，以对短视频内容进行梳理和分类。MCN机构的作用主要体现在以下几个方面：一是整合资源，对创作者进行指导；二是将PGC及PUGC进行统一整合，探索新的内容生产方式，实现广告主与平台的直接对接；三是通过用户细分实现用户的标签化，生成用户画像，实现广告的精准投放；四是帮助广告主探索新的广告植入方式。

● **短视频平台发展细分化和专业化**：综合平台布局短视频的目的是为了利用短视频的特性增强平台自身的用户黏性，促进平台自身跟进短视频的发展趋势；传统媒体基于自身发展模式的创新考虑，希望通过短视频内容增强用户黏性，迎合实力较小的广告主的需求，实现视频广告的多元化营销；传统视频平台的内容多为长视频，无法满足现今用户碎片化观看的需求，所以通过布局短视频来弥补长视频在这方面的不足；垂直短视频平台致力于专业化探索，其生产模式渐成体系化。

↘ 1.1.4 短视频的发展趋势

当前，短视频的发展趋势主要体现在以下5个方面。

1. 垂直细分化

短视频的垂直细分化表现在创作者会专注于某一个领域，甚至是专注该领域的一个细分领域，精耕细作，持续创作优质内容。例如，某创作者专注于电影解说领域，这一行为就做到了垂直化，如果他在电影解说领域只解说悬疑类电影，那么这一行为就是在垂直化的基础上做了进一步的细分。

垂直细分化可以有效形成自己的特色，增强用户黏性。用户在养成短视频的消费习惯后，在消费升级的背景下，最终消费习惯会逐渐趋于理性，越是垂直细分化的短视频越能让用户产生消费的信赖感，因此垂直细分化将成为短视频发展的趋势之一。

2．本地化

短视频的本地化是指本地用户、商家会在短视频平台上分享本地的衣食住行、吃喝玩乐和风土人情等内容，让更多的用户看到本地的生活、工作场景等。短视频平台很注重本地化的发展，抖音平台从2017年开始就深耕本地化营销，上线本地频道，抖音短视频中可以发位置、带商圈，这都为本地化带来市场。

创作者要想抓住本地化的发展趋势，就要善于挖掘、发现本地的衣食住行、文化、风俗等特色，吸引更多的用户关注。对商家来说，短视频的本地化发展趋势是引爆本地流量、打造私域流量的好机会，商家可以借助短视频展示本店的特色、手艺、产品和环境等，以吸引更多的顾客到店消费。

3．竞争激烈化

短视频作为一种内容传播形式，内容创新是其长期发展的内在驱动力。作为未来极具发展前景的内容传播形式之一，短视频行业的市场竞争将会越来越激烈，其从用户规模竞争将逐渐转向存量竞争和内容竞争，只有优质的内容才能吸引更多的短视频用户。

4．行业监管严格化

相关法规和行业自律规定的颁布和实施将提高短视频创作和传播的准入门槛，划清原创与模仿、抄袭的界限，推动短视频行业健康、有序和高质量发展。随着短视频行业的不断发展，针对用户隐私、创作者知识产权、企业竞争等多方面的政策文件陆续出台，为短视频行业的发展提供了更为具体和明确的要求和方向。可以预见的是，未来短视频行业的监管将会日益严格，审核标准、审核要求将会进一步明确和规范。

5．内容时间延长化

随着大数据时代的到来，短视频的时长将会延长，如果内容优质，很多用户的需求可能在5分钟到15分钟之间。5G技术的发展将会为短视频的时长延长且不卡顿提供强有力的技术保障。

↘ 1.1.5　短视频与长视频的区别

短视频是相对于长视频来说的，两者既有相同点，又有不同点，而且各有所长。短视频与长视频的区别主要体现在以下几个方面。

1．内容创作

短视频的创作成本、创作人群、创作工具、产出的丰富性都要远远优于长视频。长视频动辄拍摄数月，需要很高的预算，对拍摄条件和拍摄工具也有着严格的要求，因此创作成本较大，产出的数量不多，而且风险很高。短视频的时长通常在5分钟以内，拍摄条件灵活，创作工具多种多样，利用短视频App就可以轻松完成，这样的低门槛使越来越多的人加入短视频的创作队伍中。

2．内容消费

在移动互联网普及之前，消费视频最多的载体是电视机和计算机，消费的场景很窄，用户只能端坐在电视机或计算机前观看视频，不适合碎片化观看。如今，用户观看短视频的场景十分丰富，用户可以随时随地通过手机观看到丰富多彩的短视频内容，而且随着网络资费的降低和免流量卡的出现，用户的内容消费成本大大降低。

长视频带给用户的沉浸感更好，而短视频一般是直接进入主题，直接把最精彩的短视频内容展示给用户。用户的碎片化观看需求导致很多视频平台增加了倍速功能，旨在节省用户的时间。

3. 内容分发

短视频通过关系分发、算法分发的效率会高于长视频通过中心化分发的效率。长视频的中心化分发很容易形成"千人一面"的现象，内容的分发效率较低。而运用关系分发和算法分发的短视频，在信息的传播效率上有了很大程度的提升，用户看到自己喜欢的内容后可以分享给好友，使内容迅速传播扩散，而人工智能技术为算法分发提供了条件，每个用户都可以看到自己喜欢的个性化内容，形成了"千人千面"的现象。

4. 内容感染度

在内容感染度方面，短视频与长视频相比要逊色得多，因为长视频重在"营造世界"，而短视频重在"记录当下"。

无论是电影、电视剧，还是纪录片，它们都是在营造一个完整的世界，从人物设定到感情氛围，从环境设定到情节发展，构成了一个完整的链条，使用户沉浸在这个世界中。由于沉浸在长视频的氛围和场景中，用户进入高唤醒状态，所以容易产生主动消费。而短视频的感染力相对逊色得多，其"短、平、快"的特点使用户在观看短视频时的状态为低唤醒状态，所以用户大多为被动消费。

1.2　认识直播

"直播"一词由来已久，随着互联网的发展，尤其是智能手机的普及和4G/5G网络的发展，越来越多基于互联网的直播形式开始出现。网络直播是指用户在手机或计算机上安装直播软件，利用摄像头进行实时拍摄，其他用户可以在相应的直播平台直接观看和互动。

2016年，网络直播进入爆发期，这一年网络直播行业出现了千余家直播平台，用户规模突破3.5亿，这一年也被人们称为"直播元年"，而网络直播行业的激烈竞争被称为"千播大战"。经过多年的发展，截至2022年12月，我国网络直播用户规模已达7.51亿，占网民总人数的70.3%。

↘ 1.2.1　直播的特点

直播的特点可以分别从内容与传播两个维度来进行分析。

1. 内容维度

在内容维度上，直播具有以下特点。

● **娱乐化**：娱乐化是网络直播最大的特点，不管是秀场直播、游戏直播，还是电商直播，主播选择的直播内容往往带有娱乐因素，能够让用户感受到快乐。

- **多样化**：如今网络直播进入全民时代，充分挖掘了平时隐藏在人群中的各类主播，且直播内容涵盖各个领域，可以满足用户多方面的内容需求。
- **商业化**：直播的商业化主要是主播在直播时推销自己或合作的电商店铺，吸引粉丝购物，将粉丝转化为购买力。
- **发展"直播+"模式**："直播+"模式推动直播平台向产业链各端渗透，促进平台内容创新和产品创新，在增强用户黏性的同时，其强大的传播能力和即时、互动、透明等特点也为其他行业带来了新的增长点。

2. 传播维度

在传播维度上，直播具有以下特点。

- **时间碎片化**：由于网络资费的降低和智能手机的普及，人们可以随时随地观看网络直播，不再拘泥于固定的时间。
- **持续性**：持续性是网络直播"圈粉"的重要特征之一，粉丝每天都期待着主播直播，一旦主播几天没有直播或者直播时间不规律，粉丝流失的速度会十分惊人。
- **即时互动性**：直播的即时互动性是其他文字、视频交流方式难以匹敌的，在网络直播中，不管主播的名气大小，都会与用户进行实时交流。
- **弹幕文化**：弹幕文化起源于"二次元"网站，用户不仅把弹幕作为表达情绪的工具，还形成了一系列独特的弹幕文化，强化了用户的群体认同心理。
- **分享便捷**：用户可以通过发送链接或二维码的形式将直播间网址链接分享到微信朋友圈、微博等社交平台，增加直播间的人气。
- **马太效应**：在直播平台中，用户并非是被平均分配给每个主播的，而是以一种幂律分布的方式聚集，形成马太效应。知名的主播会占据大部分的用户资源。

↘ 1.2.2 直播的类型

直播主要有秀场类直播、聊天类直播、商务类直播、生活类直播、知识分享类直播等类型。

1. 秀场类直播

秀场类直播是主播展示自我才艺的最佳形式之一，用户在秀场直播平台浏览不同的直播间，类似于走入不同的演唱会或才艺表演现场，目前比较有代表性的秀场类直播平台有映客直播、YY直播、花椒直播等。

2. 聊天类直播

聊天类直播主要是主播发表自己的观点，与用户互动讨论的直播形式。聊天类直播的主播要坚持输出正能量的观点，发表自己的个性化内容，同时及时回答用户的问题，与用户热情互动。主播可以提前设置聊天的话题，即直播的主题，因此可以设置自己比较擅长或感兴趣的话题，这样更容易活跃直播间的气氛。

3. 商务类直播

商务类直播具有更多的商业属性，进行这类直播的企业或个人通常带有一定的营销目的，他们尝试以更低的价格吸引用户并产生交易。目前，比较具有代表性的商务类直播平台是淘宝直播，而很多短视频平台（如抖音、快手等）也上线了商务直播功能。

4. 生活类直播

分享与陪伴正成为网络直播的新动力，越来越多人希望将自己的生活搬到摄像头前，所以生活类直播顺势而生。生活类直播弱化了外貌和技能对主播的要求，在最大化地展现直播的核心价值：分享和陪伴。

生活类直播是一种更为贴近用户的直播种类，更接近日常生活，直播内容也是多姿多彩，如做饭、吃饭、逛街、旅行等。此类直播的优势就在于人人都能做主播，门槛不高，直播内容也会贴切每个人的生活，亲近感和互动性也会更高。

5. 知识分享类直播

知识分享类直播的用户群体很广，且用户对知识的主观消费意愿强，更易于流量变现。知识分享类直播的专业门槛较高，所以对主播的要求很高，用户也更加关注主播的解说和直播内容。主播的变现方式为付费收看，媒体、企业、商业推广等，"吸粉"方式主要是为用户提供专业信息知识和技术服务。

↘ 1.2.3 直播的产业链

主播在直播前、直播时和直播后都需要大量团队成员分工合作，为其提供选品、化妆、布光、场控等服务。由此可见，直播行业带动了其上下游产业链的就业。

关于直播的产业链，从整体功能角色上划分，直播的产业链可以分为5个部分。

1. 内容提供方

内容提供方可以分为以下几个模块。

● **"网红"/主播模块**：这是直播产业链最上游也是最核心的模块，为直播平台生产内容，"网红"/主播也是直接面向粉丝用户的群体。

● **经纪公司/公会模块**：经纪公司/公会能掌控直播产业链上游的核心资源，是将"网红"进行产业化运作的机构。

● **培训/整合模块**：这个模块可以看作是围绕"网红"产业发展的服务行业，分为"网红"学院和"网红"平台。前者是对"网红"进行培训、打造与包装，并为各大公会和平台输送人才；后者是"网红"进行自我展示、资源对接、合作代言的平台，一般针对有一定粉丝基础的"网红"和主播。

● **内容/版权模块**：内容是直播平台的核心元素之一。直播平台若能够与专业团队合作，获得优质版权资源的转播权，其内容端将得到关键提升，这也是直播平台的核心竞争力之一。

2. 平台运营方

平台运营方是连接用户和"网红"、用户和内容的中心力量，主要是指直播平台。

直播平台可以分为两大类，即泛娱乐直播平台和"直播+"平台。泛娱乐直播平台以"网红"生产内容为核心，以"网红"和粉丝或用户互动为支柱，以社交关系搭建为目标，重点在于不断增加"网红"的人气，让"网红"和用户产生社交关系，进而实现商业变现。"直播+"平台是指把直播作为工具服务于某个行业，这也是直播发展的趋势之一。

3. 传播渠道方

传播渠道方指的是互联网渠道，可以分为社交类渠道、门户/网站/新闻/流量类渠道、视频类渠道和电商类渠道。

- **社交类渠道**：这类渠道是利用社交圈来推广直播信息，追求的是直播信息在社交圈内自主流通，可以帮助"网红"进行直播外的粉丝积累和互动，促进直播内容的分享传播。
- **门户/网站/新闻/流量类渠道**：这类渠道通过对用户信息的准确匹配及个性化的精准信息发布，使其在分发类媒介市场占有一席之地，可以帮助"网红"进行软文和直播内容分发，带来更多曝光，实现为直播引流的目的。
- **视频类渠道**：视频类渠道包括视频网站、短视频平台等，其中以短视频平台为主。
- **电商类渠道**：这类渠道的目的主要是对商品渠道、变现渠道进行扩充。

4. 服务支持方

服务支持方是整个直播产业链最根本的保障层，没有服务支持方，直播行业就无法运转，更不会有如今繁荣发展的景象。服务支持方包括以下几个方面。

- **内容监管方**：制定相关的法律法规维护直播行业的秩序，让直播行业能够健康、有序发展。
- **广告主**：广告主的存在和商家的诉求为直播行业的发展注入原动力，保证其商业价值的存在。
- **支付方**：网络支付的普及保障了直播行业的变现能力，直播行业中的很多创新功能是基于这样的支付环境和基础搭建起来的。
- **视频云服务**：视频云服务供应商的存在保障了直播平台的低门槛和稳定运营。
- **智能硬件**：智能手机和各种直播硬件设施的普及，以及接入了直播功能的摄像机、无人机等设备的出现，使得直播门槛变得很低，使其很快在社会上普及。
- **应用商店**：应用商店为加速直播行业的商业化提供了支持，使人们更容易接触到直播产品。

5. 直播服务方

直播服务方主要提供以下几个方面的服务。

- **资源整合服务**：将达人资源、广告商家资源、传播渠道资源整合在一起，面向商家销售或面向直播平台销售，可以单个销售，也可以组合销售。
- **直播方案策划服务**：为商家提供单场直播策划服务，将直播方案策划、脚本策划、内容传播等环节全包。
- **直播场地服务**：为没有直播间的商家提供直播场地租赁，并搭建场地设施。
- **直播设备和专业团队服务**：有些商家直播频次较低，不需要自己搭建直播间，购买设备，可以寻找专门出租设备、提供拍摄团队的企业。
- **直播平台搭建服务**：很多商家想在自己的产品上接入直播功能或开发新的直播产品，在搭建直播团队成本很高的情况下，可以寻求直播平台开发团队的帮助。
- **直播技术支持服务**：这类服务商会通过提供一系列高质量的直播技术支持服务为直播保驾护航，满足商家直播的个性化需求，让商家直播起来更省力、更省心，如数据导出服务、专属域名服务、直播后台品牌定制服务、第三方转推服务等。

↘ 1.2.4　直播的发展趋势

在移动互联网时代，直播行业将迎来高速发展，并呈现出以下几个发展趋势。

1. 技术赋能，加速直播技术发展

随着各种新兴技术发展的脚步加快，未来直播结合新技术发展有望再次迎来突破。直播通过视频的形式输出内容与用户互动，视频播放的流畅性和互动氛围的渲染对用户体验有重要影响，如5G、终端设备等应用对行业发展有着巨大的推动作用。直播平台要借助技术为其赋能，通过布局5G、VR、AI等技术获取差异化优势，并寻求平台留存用户、提高收益的突破点。

2. 用户下沉，开辟更广的市场空间

用户下沉是近年来互联网发展的关键点之一，对于三四线城市的用户，娱乐方式较少，而空闲的娱乐时间较多，加强对该部分用户的挖掘，可以为直播开辟市场空间。直播行业市场的下沉发展，也将推进直播在内容与形式上的创新。

3. 直播专业化，产业链布局更完善

直播行业将更加注重精细化与专业化运营，产业链布局更加齐全和完善。直播平台通过产品与形式的创新，立足自身的差异化特点，避免陷入内容同质化，并通过加强主播生态构建等举措，强化平台优势，在激烈的竞争格局中吸引用户。

4. "直播+"进一步发展，领域更细化

未来，"直播+"趋势将进一步发展，直播行业将向细化领域发展。例如，垂直市场中的电商、教育等，内容垂直化更加明显。直播内容与形式也将呈现多样化发展，满足用户的多元化需求，商业模式继续创新，直播的商业价值将被进一步开发。

↘ 1.2.5　直播与短视频的关系

如今直播行业和短视频行业逐渐形成相互融合的趋势，建立起共生关系，一是因为短视频和直播在内容上取舍不同，二是两者的功能开发也可以相互融合。现在的直播平台在探索多元化的出口时，纷纷入局短视频，而短视频平台也开始增加直播功能。

直播与短视频的共生关系主要体现在以下几个方面。

1. 时间和内容上取长补短

从本质上来看，直播与短视频的产业链构成基本一致，都是以内容生产和平台分发为核心，区别在于直播的内容表现形式较强，只要主播愿意，可以持续直播，没有时间上的特别限制；而短视频的时长较短，一般只有15秒到5分钟，内容极度浓缩，需要提前拍摄和剪辑制作。因此，两者可以在用户使用时长上实现互补，这也是两者互相融合的基础。

直播的内容固然有趣，但在短时间内很难娱乐用户，这就影响了直播平台的用户体验，但插入短视频模块后，用户可以在来不及观看直播内容时浏览短视频内容，从而提升用户留存；在短视频平台中加入直播功能，可以弥补用户观看短视频时的意犹未尽感，用户在时间充足时可以进入直播间尽情欣赏其中的优质内容。

2．功能上取长补短

随着短视频使用门槛不断降低，每个人都可以参与其中，这促使用户积极使用平台来展现自己，而用户消费习惯的移动化和时间碎片化要求短视频制作具有内容价值高、短时间传达大量信息的特点。

与短视频不同，直播的核心功能是互动性和强大的变现能力。因为直播的即时性，其具有商品细节展示、消费场景和使用体验高度还原的优势，可以增强用户对商品的信任感，所以可以最大限度地刺激用户在直播平台上消费，从而实现流量变现乃至盈利的目的。

直播和短视频在功能上可以取长补短，融合短视频强大的流量聚集能力和直播的超强变现能力，可以多方位、多角度地为平台及其创作者赚取更多的利益。

课后实训：分析短视频、直播的类型

1．实训目标

掌握短视频和直播的类型。

2．实训内容

4人一组，以小组为单位，搜集抖音和快手平台上具有代表性的账号，分析其短视频和直播的类型。

3．实训步骤

（1）搜集抖音账号

要求每组至少搜集10个属于不同内容领域的抖音账号，然后分析它们发布的短视频属于哪种类型，直播属于哪种类型。

（2）搜集快手账号

要求每组至少搜集10个属于不同内容领域的快手账号，然后分析它们发布的短视频属于哪种类型，直播属于哪种类型。

（3）实训评价

进行小组自评和互评，撰写个人心得和总结，最后由教师进行评价和指导。

课后思考

1. 简述短视频的特点。
2. 简述短视频内容生产方式。
3. 论述短视频与长视频的区别。
4. 论述短视频与直播的关系。

第 2 章 短视频内容策划：
打开创作新思维

知识目标

- 掌握短视频内容定位的方法。
- 掌握构建短视频用户画像的方法。
- 了解短视频的展现形式。
- 掌握短视频选题的策划方法。
- 掌握短视频脚本的撰写方法。

能力目标

- 能够以用户需求为中心对短视频内容进行定位。
- 能够根据短视频创作需求选择合适的展现形式。
- 能够策划优质的短视频选题，并撰写短视频脚本。

素养目标

- 培养用户思维，以用户需求为导向来策划短视频内容。
- 关注政策和平台管理规范，防止因触发敏感词汇而导致违规。

在激烈的短视频内容竞争中，短视频创作者要想脱颖而出，就必须做好内容策划工作。短视频创作和运营不是一朝一夕的事情，必须做出合理的规划才能确保走对方向。一个优质的短视频账号，应当明确目标用户，确定用户的精准需求，找到合适的展现形式，并能够源源不断地找到优秀的选题，从而在此基础上打造高质量的视频内容。本章将学习如何做好短视频的内容策划。

2.1 短视频的定位

无论短视频创作者运营短视频的目的是什么，短视频在制作好以后，肯定是要呈现给用户的。只有让用户感受到短视频的价值，使其体验到愉悦、感动等感受，短视频才会被关注，直至成为爆款。因此，在进行短视频内容定位时，短视频创作者必须精准定位用户需求，并以用户需求为中心。

2.1.1 短视频的内容定位

一般而言，短视频内容的创作领域有很多，如才艺、美妆、生活、人文、饮食、育儿、旅游等。要想准确定位短视频内容，短视频创作者要掌握以下几个技巧。

1. 专注于自己擅长的领域

很多短视频创作者在最初创作时找不到自己擅长的领域，以为任何领域都可以尝试，实际上这样非但不能吸引用户的注意，反而会降低平台对短视频作品的推荐量。短视频创作者可以想一想自己在哪些方面创作的内容得到了别人的称赞，对哪些领域特别感兴趣，然后专注于该领域进行创作。

2. 研究同类型创作者的数据

在选择创作领域后，短视频创作者可以对同领域的知名创作者进行调查，了解其粉丝画像，如性别、年龄、身份、兴趣等，将其内容类型、播放数据、用户互动数据等进行分类，再反推用户偏好。

3. 抓住目标用户群体的需求痛点

短视频创作者要想获得成功，首先要锁定目标用户群体，提炼其主流需求，在短视频的内容选择上有针对性地迎合目标用户群体的口味，从而更快、更好地吸引他们的目光，提升短视频的"人气"和传播量。例如，如果目标用户群体是球迷和健身达人等，短视频内容就要聚焦在运动、健身等垂直领域。

在锁定目标用户群体并提炼其主流需求后，短视频创作者还要抓住目标用户群体的需求痛点，在短视频中有针对性地进行解决。

短视频创作者要深入目标用户群体进行调查，了解其具体需求，进行用户画像分析，在此基础上才能抓住其需求痛点。明确目标用户群体的需求痛点之后，短视频创作者在设计短视频内容时就要提出相应的解决方案，解决其需求痛点，这样创作的短视频才能吸引目标用户群体，快速占领其心智。

2.1.2 构建短视频用户画像

用户画像分析是短视频创作者进行创作的第一要务。交互设计之父阿兰·库珀认为，用户画像是真实用户的虚拟代表，是建立在一系列真实数据之上的目标用户模型，简单来说，就是把用户信息标签化。标签有两个重要特征：一个特征是语义化，人们可以很方便地理解每个标签的含义；另一个特征是短文本，每个标签一般只表示一个含义。有了这些标签，短视频创作者无须再做过多的文本分析等预处理工作，这为利用机器提取标准化信息、聚合分析提供了极大的便利。

在短视频内容创作中，进行用户画像分析的意义在于有利于商家和短视频创作者换位思考，以用户为中心，更好地了解用户偏好，挖掘用户需求，从而实现精准化营销。构建短视频用户画像的步骤如下。

1. 用户信息数据分类

构建短视频用户画像的第一步是对用户信息数据进行分类。用户信息数据分为静态信息数据和动态信息数据两大类。

● **静态信息数据：** 包括社会属性（姓名、性别、家庭状况、地址、学历、职业、婚姻状况）、商业属性（财富属性、消费等级）、心理属性（性格、价值观）。静态信息数据是构成用户画像的基本框架，展现的是用户的固有属性，这些信息一般无法穷尽，只要选取符合需求的即可。

● **动态信息数据：** 包括消费属性（消费偏好、消费习惯、消费周期、消费特征）、社交属性（兴趣爱好、圈子、互动行为）。动态信息数据指用户的网络行为数据，在选择这类信息时，也要符合短视频的内容定位。

2. 确定用户使用场景

如果只了解用户信息数据，短视频创作者还不能形成对用户的全面了解，应该将用户信息融入一定的使用场景中，才能更加具体地体会用户的感受，还原真实的用户形象。短视频创作者可以采用"5W1H"法来确定用户使用场景，如表2-1所示。

表2-1　"5W1H"法的要素及其含义

要素	含义
Who	短视频用户
When	观看短视频的时间
Where	观看短视频的地点
What	观看什么样的短视频
Why	互动行为背后的动机，如关注、点赞或分享
How	与用户的动态和静态场景结合，洞察用户使用的具体场景

3. 确定用户的动态使用场景模板

短视频创作者要提前准备好沟通模板，以防止调查访问时由于措辞不当或者提问顺序的变化对用户造成影响，导致研究结论出现偏差。短视频创作者的沟通模板要按照用户动态信息数据和用户动态使用场景来设计，具体的设计要依据自身期待获取的信息来进行。

动态使用场景模板一般包括以下内容：常用的短视频平台，使用频率，活跃时间段，周活跃时长，使用的地点，感兴趣的话题，什么情况下关注账号，什么情况下点赞，什么情况下评论，什么情况下取消关注，以及用户的其他特征等。

短视频创作者要学会扮演倾听者的角色，在用户讲述时认真地倾听，以摸清他们在做出某个决定时的心态，找到用户为短视频点赞、转发短视频以及关注短视频账号的原因。

4. 获取用户的静态信息数据

要想获得用户静态信息数据，短视频创作者需要统计和分析大量样本，再加上用户基本信息的重合度较高，为了节省精力，可以通过网站获取竞品账号数据的方式来获取用户的静态信息数据。

5. 形成短视频用户画像

将静态信息数据和动态使用场景进行整合以后，短视频创作者就可以构建大概的短视频用户画像。

2.2　短视频的展现形式

要想创作出优质的短视频作品，短视频创作者就要深入了解短视频。不同风格的短视频，其展现形式是不同的。短视频的展现形式决定了用户会通过什么方式记住短视频的内容及账号。一般来说，比较热门的短视频展现形式主要有图文展示形式、知识分享形式、解说形式、情景短剧形式与Vlog形式。

2.2.1　图文展示形式

图文展示形式一般是一张底图加上一些要表达的文字，有的也会出现与内容有关的人物，如图2-1所示。这种展现形式最为简单，基本上不需要短视频拍摄和后期剪辑。不过，这种展示形式不需要人设，其变现能力比较差。

2.2.2　知识分享形式

知识分享形式的变现能力很强，要想做好这类内容，最关键的是内容要有"干货"，要能打破用户已有的认知，为用户提供价值，这样才能赢得用户的信任，并让其持续关注该账号。例如，某短视频账号专注于以动漫的形式向用户科普各类知识，如图2-2所示。

图2-1　图文展现形式

图2-2　知识分享形式

↘ 2.2.3 解说形式

解说形式一般为影视作品的解说，在制作这类短视频时，短视频创作者不用自己动手拍摄短视频，只要提前找好想要解说的视频素材，理清解说思路，再将剧情片段与解说内容完美对应，并添加字幕即可，如图2-3所示。虽然这类形式的短视频很受用户欢迎，但目前这类账号的数量过多，如果只是简单的内容搬运，很容易造成内容同质化，风格千篇一律，用户的互动意愿会明显降低。

因此，要想从众多的竞争账号中脱颖而出，短视频创作者就要想办法让用户形成差别化记忆，从表达方式、视觉呈现方式、语言方式、内容素材选择等方面入手，探索出自己的独特风格。同时，建立解说者的人设，赋予短视频内容之外的温度和情感，使用户在欣赏有价值的内容的同时，对特定账号形成记忆，增加与短视频创作者的互动。

↘ 2.2.4 情景短剧形式

情景短剧形式的短视频是通过人物表演把中心思想传达给用户，其成本相对较高。因为剧情会对主题和情节有着较高的要求，所以短视频创作者要提前准备文案脚本。这种形式的短视频在拍摄时，通常要由2个以上的人来表演，并且要反复拍很多次，后期剪辑也比其他短视频形式复杂得多。不过，这种形式的短视频往往对用户的吸引力比较大，短视频的情节和结果如果能够让用户产生情感共鸣，"吸粉"效果会很强，如图2-4所示。

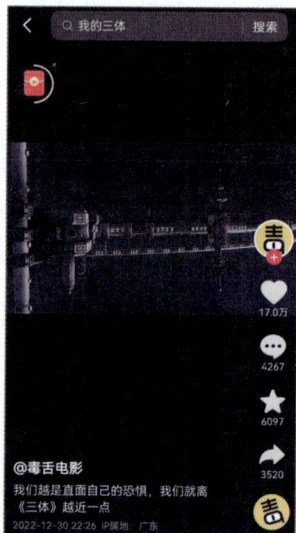

图2-3 解说形式

图2-4 情景短剧形式

↘ 2.2.5 Vlog形式

视频博客，即Vlog（Video Blog），又称视频网络日志，是短视频创作者（Vlogger）以影像代替文字或照片，创作个人日志，并上传到短视频平台给网友分享。这种形式的短视频重在记录生活，但不能拍成流水账，要有主题，主次分明，突出重点，并注意拍摄效果，如图2-5所示。Vlog的拍摄要注重脚本思维，短视频创作者要提前构思好重要的镜头，做好开场和转场，在后期剪辑时要保证叙事流畅。

图2-5 Vlog形式

2.3 短视频选题的策划

从长期来看，要想做好短视频，短视频创作者就要进行选题策划，找对方向，做好内容定位，这样才更容易做出精品短视频，吸引目标用户的关注，进而增强用户的黏性。

2.3.1 寻找短视频选题的维度

很多人在拍摄短视频之前总是找不到选题思路，其实只要找到选题的五个维度，并根据这五个维度拓展思路即可。选题的五个维度分别为人物、工具和设备、精神食粮、方式方法和环境。

1. 人物

人物主要涉及以下信息：拍摄的主角是什么样的人？他/她的基本属性是什么？

短视频创作者可以把人物按照年龄或身份进行划分，如果目标用户群体是年轻女性，那么短视频的内容就要触发年轻女性的共鸣，短视频中的主角最好也是一名年轻女性。

短视频创作者还可以按照职业或场景对人物进行划分，如大学生、职场人士、创业者等；或者按照兴趣对人物进行划分，如旅行、健身、唱歌等。短视频创作者把人物按照不同的维度划分后，要根据人物属性来确定合适的选题。

2. 工具和设备

确定好人物维度后，短视频创作者要根据确定的人物角色选择合适的工具和设备，例如，职场人士在平时工作中常用到的工具和设备有办公软件、职场类App、计算机等；喜欢健身的人一般会用到跑步机、运动手环、体脂秤、瑜伽垫等；喜欢旅游的人一般会用到太阳镜、泳衣、行李箱、防晒用品等。

3. 精神食粮

精神食粮主要包括书籍、电影、音乐、讲座、展览等。短视频创作者要分析目标用户喜欢什么书籍、电影或音乐，分析透彻之后才能了解其需求，从而有针对性地制作出符合其需求的短视频。

4. 方式方法

方式方法是指与短视频主角、目标用户身份相关的方法，如瘦身方法、育儿方法、职场技能提升方法、时间管理方法、旅游旺季如何规避拥堵的方法、提升阅读效率的方法等。

例如，如果短视频中的主角是一位职场女性，她在工作时会运用哪些方式和方法来提升工作效率；在办公室里与同事交际时，她会怎么沟通；与客户洽谈时，她会怎样占据有利地位等。

5. 环境

由于短视频的剧情不同，环境也会相应地发生变化。环境可以分为拍摄时间（白天或黑夜）和拍摄地点（学校、餐厅、办公室、广场等），短视频创作者按照人物设定就可以联想到具体的活动环境。

当把选题的五个维度都梳理完以后，就可以制作选题树了。选题树的层级越多，拍摄的思路就越丰富。以"喜欢旅游的女性"为例，短视频创作者可以根据下面的选题树策划出各种各样的选题，如图2-6所示。

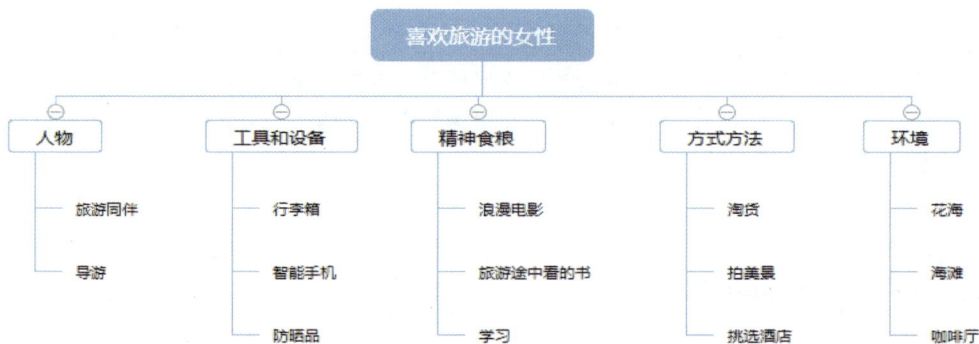

图2-6 根据"喜欢旅游的女性"制作的选题树

制作并拓展选题树并非一朝一夕的工作，随着时间的推移，选题树中拓展出来的选题内容会越来越多。有了这么多的选题，当遇到相关节假日或热点事件时，短视频创作者就可以快速而有效地策划选题并制作出相应的短视频。

↘ 2.3.2 策划短视频选题的原则

不管短视频的选题是什么，其内容都要遵循一定的原则，并以此为宗旨，落实到短视频的创作中。

1. 以用户为中心

目前，短视频行业的竞争愈发激烈，用户对短视频的要求也越来越高，因此短视频创作者要注重用户体验，以用户为中心，短视频的内容切不可脱离用户的需求。也就是说，短视频创作者在策划选题时，要优先考虑用户的喜好和需求，这样才能最大限度地获得用户的认可，并保证短视频的高播放量。

2. 保证价值输出

短视频的内容要有价值，要向用户输出"干货"。选题内容要有新鲜的创意，从而促使用户产生收藏、点赞、评论和转发等行为，促进短视频的裂变传播。

3. 保证内容垂直度

在确定某一内容领域之后，就不要再轻易更换，否则会由于短视频账号的垂直度不够而导致用户不精准。因此，短视频创作者要在某一个领域长期输出有价值的内容，提高自己在该领域的影响力，这样更容易获得短视频平台的"头部流量"。

4. 标题贴切且有吸引力

做好选题并非意味着短视频一定会成为爆款，很多短视频创作者制作出来的短视频虽然画面精美、内容优质，但点击量很少，其原因可能只是因为标题与内容不够贴切，且没有吸引力。短视频的内容与标题的匹配度越高，就越容易被平台推荐，从而吸引用户点击观看。

另外，不要等到发布短视频时再构思标题，而应在选题策划时就把标题想好，起码要有一个大致的思路。这样一来，短视频创作者在确定选题之后可以迅速用短视频标题跟进热点，帮助运营人员在后续工作中向热点贴近。

5. 结合行业或网络热点

短视频创作者要提升新闻敏感度，善于捕捉并及时跟进热点，这样制作出来的短视频就可以在短时间内获得巨大的流量曝光，快速增加短视频的播放量。但是，并非所有的热点都可以跟进，如时政、娱乐、军事等领域，如果跟进不恰当的热点，就会有违规甚至被封号的风险。因此，短视频创作者要尽量避开这些领域的内容。

短视频创作者可以参考各种推荐渠道，从中找到标题的关键词，或者使用短视频数据平台中的热词分析功能来选择标题。利用这个功能可以查看标题关键词的热度，短视频创作者可以通过关键词的热度来预测短视频的播放量。

6. 远离敏感词汇

有关部门对短视频平台的管理日益严格，不断出台相关法律法规文件对各短视频平台进行约束，与此同时每个短视频平台也对敏感词汇做出了规定，因此短视频创作者要时常关注政策导向和平台出台的相关管理规范，以防因为敏感词汇而导致违规。

7. 增强话题互动性

因为短视频中的内容要以用户需求为导向，所以短视频创作者要围绕用户需求来构思内容，其中很重要的一点就是互动性，而且互动性能够很明显地影响短视频的推荐量。

增强短视频互动性的方法主要有以下几种。

● 选择互动性强的话题，用户普遍关注的热门话题往往会引发热烈讨论。

● 有意识地引导用户。短视频创作者可以有意识地在短视频中加入一两句互动的话语，让用户在评论区留言互动。

● 引发用户"吐槽"。短视频中可以出现一些常见的"梗"，引发用户的集体"吐槽"，这样也能吸引用户互动评论。

2.3.3　多渠道积累短视频选题

要想持续地输出优质内容，短视频创作者就必须拥有丰富的储备素材，所以要建立选题库。建立选题库主要有以下渠道。

1. 日常积累选题

短视频创作者要养成日常积累的习惯，通过身边的人或事，以及每天阅读的书籍和文章等，将有价值的选题纳入选题库，训练自己挖掘选题的嗅觉。

2. 借鉴爆款选题

短视频创作者可以研究竞争对手的选题，搜集其爆款选题，并进行分析与借鉴，从而获得灵感和思路，拓宽选题范围。短视频创作者可以进入第三方数据分析平台，获取竞争对手的账号数据，如粉丝量、点赞量、分享量、评论量和爆款选题等。

3. 收集用户想法

收集用户想法是一种自下而上的选题决策，可以帮助短视频创作者有效利用群体智慧，增强短视频的互动性，丰富短视频的内容。

收集用户想法的方法有以下两种。

● 从自己的短视频账号评论或竞争对手账号评论中寻找有价值的选题。评论是短视频创作者与用户有效交流的渠道，它可以折射出用户的很多态度，如赞同、反对、质疑等，这些都可以被挖掘为短视频的选题。

● 搜索关键词。在寻找选题时，短视频创作者可以使用不同的搜索引擎搜索关键词，常用的搜索引擎有百度、微博搜索、微信搜一搜、头条搜索等，然后对搜索到的有效信息进行提取、整理、分析与总结。

2.3.4　切入选题的方法

确定选题以后，短视频创作者可能会发现该选题与很多竞争对手账号中的内容相似。对于相似的选题，短视频创作者要选择不一样的切入点，以避免内容同质化，这样才能有机会制造话题爆点，超越竞争对手。

在确定选题以后，短视频创作者要设想竞争对手会怎么做，尤其是一些大家都想"蹭热点"的话题。当对竞争对手的观察足够细致和深入时，就会对其经常采用的短视频展现形式了如指掌，这时就要寻找与竞争对手不同的切入点，并列出若干个，从中找出最佳方案。

短视频创作者在切入选题时，要注意以下几点。

1. 有效整合物质要素

短视频创作者制作短视频时少不了资源方面的支持，如物力、财力、人力等物质要素，有效地整合这些物质要素，可以为短视频的制作提供极大的便利，否则就会步履维艰。例如，团队中某个人的外貌不错，擅长演奏钢琴，有大量大型演出的经验，短视频创作者就可以将这些资源整合起来，开设一个教大家演奏钢琴的短视频账号。

2. 以兴趣为支撑

"兴趣是最好的老师"，如果短视频创作者对某一领域有着浓厚的兴趣和饱满的热情，那么就可以支撑其在某个领域深耕，持续产出优质内容，深化内容的垂直度。不过，兴趣和专业不同，如果只有兴趣，但没有专业能力，也无法保证短视频创作者持续地制作出优质的短视频。

因此，要想判断自己是否可以在选择的领域内深耕下去，短视频创作者要先对比同行业的头部账号，分析其短视频内容的深度和价值属性，判断凭借自己的兴趣是否能够稳定且持续地产出优质短视频。

3. 及时调整选题

短视频创作者在刚开始进入短视频行业时，可能会有一段试错的路要走。一般来说，短视频创作者要先持续发布作品10天以上，并密切关注数据变化，以此来做预估和调整，然后判断是按照既定的选题做下去，还是调整选题方向或内容形式。

在试错的过程中，短视频创作者要衡量短视频制作成本与短视频播放量、账号粉丝量的对比情况，从而把握账号的走向和市场情况，最后做出是否调整选题的决定。

2.4 短视频脚本的撰写

虽然短视频的时长较短，但优质的短视频中每一个镜头都是经过精心设计的。短视频的拍摄离不开脚本，短视频脚本是短视频的灵魂，是短视频的拍摄大纲和要点规划，用于指导整个短视频的拍摄方向和后期剪辑，具有统领全局的作用，可以提高短视频的拍摄效率与拍摄质量。

与影视剧和长视频不同，短视频在镜头表达上存在很多局限性，如时长、观看设备、用户心理期待等，所以必须精雕细琢短视频脚本中的每一个细节，包括景别、场景布置、演员服装/化妆/道具准备、演员台词设计、演员表情、音乐和剪辑效果的呈现等，并且要安排好剧情的节奏，保证在5秒之内就能抓住用户的眼球。

↘ 2.4.1 撰写短视频脚本的思路

要想写出优秀的短视频脚本，短视频创作者要把握以下思路。

1. 做好前期准备

前期准备包括很多方面，大致如下。

- **搭建框架**：包括拍摄主题、故事线索、人物关系、场景选择等。
- **主题定位**：故事背后有何深意？想反映什么主题？运用哪种内容形式？
- **人物设置**：需要多少人物出镜？这些人物的任务分别是什么？
- **场景设置**：寻找拍摄地点，室内还是室外？
- **故事线索**：剧情如何发展？
- **影调运用**：根据所要表现的情绪配合相应的影调。
- **背景音乐**：选择符合主题氛围的背景音乐。

2. 确定具体的写作结构

在撰写短视频脚本时，短视频创作者一般要先拟定一个整体结构，以"总—分—总"结构居多，这样可以让短视频有头有尾。开始的"总"是指表明主题，在短视频开头的3~5秒内就要表明主题，如果超过5秒，用户还不知道短视频的主题，很有可能会选择离开，影响短视频的完播率；"分"是指详细叙事，用剧情来传达短视频的主题；最后的"总"是总结收尾，重申主题，以引发用户的思考和回味。

3. 人物设定

人物的台词要简单明了，能够体现人物性格并推动情节发展即可，若台词过长，用户听着也会吃力。除了人物的台词以外，相应的动作和表情也会帮助用户体会人物的状态和心理。

4. 场景设定

场景设定可以起到渲染故事情节和主题的作用，场景要与剧情相吻合，且不能使用过多的场景。

5. 台词口语化

短视频脚本中的每一句台词都要做到口语化，在撰写脚本时就要想象是在与用户对话，把拗口的书面化文字都改成通俗易懂的口语。

6. 明确拍摄方式

短视频脚本中与拍摄方式有关的要素有镜头的运用、景别的设置、镜头的时长、机位的选择、影调的运用和道具的选择。

- 镜头的运用一般包括推、拉、摇、移等镜头。
- 景别有远景、全景、中景、近景和特写等。
- 镜头的时长要根据短视频整体的时间，以及内容主题和主要矛盾冲突等因素来确定。
- 机位是摄像机相对于被摄主体的空间位置，包括正拍、侧拍或俯拍、仰拍等，选择不同的机位，展现出来的效果是截然不同的。
- 影调是指视频画面的明暗层次、虚实对比和色彩的色相明暗等之间的关系，影调的运用应根据短视频的主题、内容类型、事件、人物和风格等来确定。
- 道具不仅能够起到助推剧情的作用，还有助于优化内容的呈现效果，选择适宜的道具能够在很大程度上增加短视频的流量、用户的点赞量和评论量等。

↘ 2.4.2 撰写不同类型的短视频脚本

短视频脚本大致可以分为三类：拍摄提纲、分镜头脚本和文学脚本，脚本类型可以依照拍摄内容而定。

1. 拍摄提纲

拍摄提纲是指短视频拍摄要点，只对拍摄内容起到提示作用，适用于一些不易掌握和预测的内容。由于拍摄提纲的限制较小，视频拍摄师可以发挥的空间比较大，但对后期剪辑的指导效果不大。

拍摄提纲一般包括五个部分，分别是选题阐述、视角阐述、体裁阐述、风格阐述和节奏阐述。

● 选题阐述是为了明确选题意义、主题立意和创作的主要方向，让视频拍摄师明白短视频创作的初衷。

● 视角阐述是为了说明表现事物的角度，独特的视角能让人耳目一新，体现视角的首要问题就是作品的切入点。

● 体裁阐述是为了说明拍摄的短视频类型，不同的体裁有不同的创作要求、创作手法、表现技巧和选材标准。

● 风格阐述是为了说明画面风格是轻快还是沉重，色调、影调、构图、用光如何安排等。

● 节奏阐述是为了说明内部节奏与外部节奏如何把握等。

表2-2所示为《去长白山滑雪》短视频的拍摄提纲。

表2-2 《去长白山滑雪》短视频的拍摄提纲

步骤	内容
主题	来一场说走就走的旅行，目的地是长白山。这条短视频就是带领人们体验短视频创作者游览长白山的经历
视角	宿舍、旅途中、入住景点宾馆、品尝当地美食、滑雪、返程
体裁	Vlog
风格	整体轻松、愉快，对白很少，主要以快节奏的转场和画面突出游玩的愉快，构图主要为九宫格构图或中心式构图，充分利用自然光线，以平角拍摄为主
内容	场景一：凌晨从宿舍出发，一行人合影，喊出出发的口号 场景二：乘坐的交通工具依次是飞机、小汽车，镜头展现乘坐飞机和乘坐小汽车的场景，突出展现对目的地的期待 场景三：入住长白山景点附近的宾馆，一行人打雪仗，手舞足蹈，和当地人互动 场景四：在宾馆品尝了当地的美食，展现美食的色泽和享受美食的场景 场景五：前往滑雪场，穿上滑雪装备，练习滑雪，展现滑雪场的美景，最后用餐 场景六：返程，拍摄回程路上的景色和一行人的三言两语，愉快地对着镜头说"回家喽""长白山，下次再见"

续表

步骤	内容
音乐	以节奏较快、动感十足的舞曲作为背景音乐，配合画面的快速切换，给人一种眼花缭乱、精彩缤纷的感觉

2. 分镜头脚本

分镜头脚本既是前期拍摄的依据，也是后期剪辑的依据，同时可以作为视频长度和经费预算的参考。

分镜头脚本主要包括镜号、摄法、时长、画面内容、景别、台词、音乐音响等内容，具体内容要根据故事情节而定。分镜头脚本在一定程度上已经是"可视化"影像了，可以最大程度地还原短视频创作者的初衷，因此分镜头脚本适用于故事性强的短视频。

表2-3所示为《诚信便利店》短视频的分镜头脚本。

表2-3 《诚信便利店》短视频的分镜头脚本

镜号	摄法	景别	时长	画面内容	台词	音乐音响
1	固定镜头	远景	2秒	太阳暴晒，张扬正在慢跑		人在跑步时发出的喘气声
2	固定镜头	特写	1秒	张扬的脸上有很多汗珠		人在跑步时发出的喘气声
3	固定镜头	中景	2秒	张扬用手扶着双膝，一边大口喘气一边停下来休息，这时他的眼前出现一个便利店		人在跑步时发出的喘气声
4	固定镜头	近景	2秒	张扬来到便利店窗口，看向便利店里面	师傅，来一杯饮料	便利店里的闹钟响了一下
5	固定镜头	近景	2秒	一位长者按停身后的闹钟，从椅子上坐起身，顺手拿起一瓶饮料	给	
6	固定镜头	中景	6秒	张扬穿的衣服是运动短裤，他摸了摸衣服，面露难色	师傅，我身上没带钱，也没拿手机，你看我能不能赊账，我家就在旁边，我是下来跑步的	

续表

镜号	摄法	景别	时长	画面内容	台词	音乐音响
7	固定镜头	近景	3秒	便利店外，张扬面露喜色，拿着饮料走开了	（画外音）没事，你先喝吧（张扬）谢谢啊	
8	固定镜头	中景	1秒	张扬一边慢跑一边喝着饮料		
9	固定镜头	特写	2秒	张扬的嘴角上扬	这你也相信	
10	固定镜头	近景	4秒	张扬面前的桌子上摆放着一页诚信档案表，他面色犹疑地看着表格	（画外音）请前往诚信路便利店复印，带原件和复印件报到	周围的人们来来往往，喧闹声此起彼伏
11	固定镜头	特写	1秒	表格中有一条：是否有过违背承诺的事情		周围的人们来来往往，喧闹声此起彼伏
12	推镜头	近景	2秒	张扬咬着嘴唇，眼睛盯着表格，最后在表格上打了"×"	不会有什么事的	周围的人们来来往往，喧闹声此起彼伏
13	固定镜头	近景	3秒	张扬站在便利店不远处，慢慢朝便利店的窗口走去，把诚信档案表交给长者	师傅，复印一下这张纸	
14	固定镜头	近景	2秒	长者看了看表上的内容，笑着说	小伙子，你是不是忘了什么事情	
15	固定镜头	近景	2秒	张扬紧张地想了想	没有什么事情啊	
16	固定镜头	中景	5秒	长者和张扬以窗口为界，左右相对。长者看了张扬一眼，然后笑了笑；张扬松了口气	（长者）那就好，那就好。那我就复印了啊	

续表

镜号	摄法	景别	时长	画面内容	台词	音乐音响
17	固定镜头	近景	2秒	张扬局促不安，眼睛望着便利店里边		打印机复印纸张的声音
18	固定镜头	近景	3秒	窗口内往外伸出一只手，手上拿的是复印件。张扬接过复印件，掏出钱	（画外音）复印好了，给（张扬）给你钱	
19	固定镜头	特写	1秒	复印件被拍到桌上	不予通过	复印件被拍到桌上发出"啪"的声音
20	拉镜头	从特写到近景	4秒	张扬的手颤抖着翻开原件和复印件，发现诚信档案表中之前打的"×"竟然变成了"√"，张扬惊讶地睁大了眼睛	怎么会这样	搭配沉重的悬疑式背景音乐

3. 文学脚本

文学脚本需要短视频创作者列出所有可能的拍摄思路，但不需要像分镜头脚本那样细致，只需要规定人物需要做的任务、说的台词、所选用的镜头和整个短视频的时长即可。文学脚本除了适用于有剧情的短视频外，也适用于非剧情类的短视频，如教学类短视频和评测类短视频等。

表2-4所示为《一加手机评测》短视频的文学脚本。

表2-4　《一加手机评测》短视频的文学脚本

内容框架	镜头画面	台词框架
引入主题：一加Ace2值不值得入手	展示手持一加Ace2手机的画面	一加Ace2已经使用了一段时间了，聊聊详细体验
外观质感	展示手机摆放在手机盒上的样子及手持手机在阳光下的样子	外观质感确实很棒；只要你摸过实机，都会被它的手感所惊艳。蓝色更清新淡雅，在阳光下很好看

续表

内容框架	镜头画面	台词框架
屏幕	显示手机的屏幕数据，然后展示手机屏幕	一加Ace2采用的1.5K 120Hz天马微曲屏，1440Hz PWM高频调光。很多人对这块屏幕争议比较大，说它发绿、发红，但我在实际上手后发现，屏幕并没有出现异常，虽然通透度不太高，但色彩和细腻度在日常生活中是足够用的，所以看待东西不能道听途说，一定要自己上手体验体验
性能	展示一加Ace2手机的各项性能数据和跑分情况，并展示该手机与其他手机的跑分对比情况；展示该手机刷新屏幕的场景	性能上，一加Ace2搭载了骁龙8+满血版，LPDDR5X USF3.1额外有游戏渲染芯片、电池管理芯片。我手上这台一加Ace2安兔兔跑分113万分，比同价位的其他手机都要高。骁龙8+"满血"和"残血"（因为工艺制式不够成熟，导致良品率不高，其中部分芯片没有通过标准频率测试，但是通过降低核心频率也能用，加上芯片行业的供不应求，芯片厂商为了降低成本，将这部分芯片降频处理，低价出售，这些就是"残血"版）日常使用区别不大，但是如果对游戏体验要求较高的，害怕掉帧的，最好是选"满血"版
影像	展示一加Ace2的镜头，以及使用镜头拍摄的照片	镜头方面，配备的是5000万像素大底IMX890主摄、800万超广角和200万微距，拥有超大感光面积，支持OIS光学防抖，且加入了独家研制的RAW域无损计算系统，拍摄效果还是不错的，在同等价位属于第一梯队
充电续航	展示一加Ace2的正面和背面，以及和其他手机并排在一起的画面；展示手机一日之内耗电量的变化情况	充电方面，一加Ace2使用的是5000毫安大电池，搭配100W的长寿充电，电量从0充满耗时23分钟，充电速度还是很快的；续航上，我这台一加Ace2日常亮屏在6小时20分钟左右，有人说它续航"翻车"，我也咨询了很多已经购买这款手机的兄弟们，续航表现基本在6小时以上，属于优秀水平，所以大家不用担心续航问题
总结	展示手持一加Ace2手机的画面，用该款手机玩游戏的画面，以及三款手机并排在一起的画面	最后总结，一加Ace2有不输旗舰手机的质感，"满血"的骁龙8+，拍照也很优秀，续航也很出色，23分钟充满电，日常各方面都比较舒服，如果你在纠结3000元价位买哪一款，那选一加Ace2大概率是不会出错的

课后实训：策划美食短视频账号的内容

1. 实训目标

掌握短视频内容策划的方法。

2. 实训内容

4人一组，以小组为单位，先讨论分析，确定短视频账号的定位，然后确定内容的展现形式和选题，最后撰写短视频脚本。

3. 实训步骤

（1）沟通、讨论并确定账号定位

小组讨论各个成员的擅长项目，调查研究短视频行业的现状，明确美食领域作为内容垂直领域。

（2）确定短视频的展现形式

分析讨论短视频的各种展现形式，确定最适合美食制作或分享的形式。

（3）确定选题

从五个维度寻找选题，并遵守策划选题的基本原则，同时在平时多渠道积累选题，小组成员开会讨论后确定每一期短视频的选题。

（4）撰写短视频脚本

把握撰写短视频脚本的思路，根据美食分享、内容垂直领域撰写拍摄提纲。

（5）实训评价

进行小组自评和互评，撰写个人心得和总结，最后由教师进行评价和指导。

课后思考

1. 简述短视频的展现形式。
2. 简述寻找短视频选题的五个维度。
3. 切入短视频选题需要注意哪些方面？

第 3 章　短视频拍摄与剪辑：打造高品质短视频

知识目标

- 了解短视频团队的岗位职责及其人员配置。
- 了解常用的短视频拍摄工具。
- 掌握短视频拍摄景别、光线、运镜、构图的设计与运用方法。
- 了解常用的短视频后期剪辑工具。
- 掌握短视频画面转场、选择背景音乐、配音和添加字幕的方法。

能力目标

- 能够搭建高效的短视频团队。
- 能够根据脚本要求拍摄短视频。
- 能够对拍摄的短视频素材进行后期剪辑。

素养目标

- 培养团队意识和集体意识，提升团队凝聚力，增强责任心。
- 弘扬工匠精神，在短视频剪辑中注重细节，精雕细琢，打造精品。

短视频的本质是将文本语言转换成镜头语言，借助镜头来表达情感和想法。要想实现这一目的，短视频拍摄和后期剪辑两个步骤缺一不可。掌握好拍摄技巧，可以保证短视频的拍摄效果，给用户带来足够强烈的视觉冲击力，而后期剪辑可以让短视频的逻辑更合理，画面更流畅，音质更具有感染力，提升短视频作品的质量。

3.1 短视频团队的搭建

随着短视频产业链向规范化、系统化发展，人们对短视频内容的要求也越来越高。短视频创作者要想获得用户的关注，就必须具有不断创作高品质内容的能力，所以拥有一支出色的短视频团队显得尤为重要。

↘ 3.1.1 短视频团队的岗位职责

短视频团队的管理者要明确规划好每个团队成员的岗位职责，使其明晰自己的工作内容及责任，在做好自己本职工作的同时能够与他人沟通配合，避免人力成本的浪费。

根据岗位的不同，每个岗位的主要职责如下。

1. 运营专员

运营专员在短视频团队中起着至关重要的作用，其主要职责是负责短视频账号的日常运营和推广。该岗位要求运营专员必须是短视频平台的深度用户，有较强的创意能力和分析能力，熟悉网络传播的理论知识。

运营专员的主要职责如下。

● 参与短视频的内容策划、素材搜集、标题拟定等环节。

● 负责短视频账号的日常运营，与用户互动，策划活动，提高用户的关注度，增强用户的黏性。

● 负责多平台运营和渠道推广，并对个别平台进行个性化运营。

● 对各平台运营数据进行监控，并进行相应的数据分析。

2. 文案编导

文案编导是短视频团队的核心，是一个偏全能型的岗位，短视频的选题、内容策划、脚本汇总、运营策略和创意等都需要文案编导来对接，协调各个方面的人员，以确保短视频拍摄的顺利进行。因此，文案编导要具备良好的沟通能力、较高的审美水平、较强的判断能力及一定的抗压能力。

文案编导的主要职责如下。

● 负责短视频的定位和内容策划，使其符合市场需求，确定选题并策划完整的短视频拍摄方案。

● 负责打造个人IP（Intellectual Property，知识产权），进行短视频创意策划，参与内部创意讨论，为相关创意内容提供核心创意。

● 根据前期拍摄计划，拟定分镜头脚本，落实所需的场地、道具、剧本等，根据短视频内容提出后期剪辑的需求，如音乐需求、后期特效等。

● 熟悉短视频制作流程，现场指挥和监督拍摄过程，跟进后期剪辑工作如剪辑调色、制作特效、选择音乐等，直到成片出片。

● 实时了解短视频行业的风向，善于捕捉当下热点短视频、热点事件，对用户心理有敏锐的洞察力。

3．视频拍摄师

视频拍摄师的主要工作是按剧本要求完成短视频的拍摄工作。除了拍摄，拍摄场地、道具、灯光等都需要视频拍摄师进行协调，以呈现优质的短视频画面。短视频对视频拍摄师的专业性要求很高，除了对画面构图、光影色彩的把控和影像的清晰度有一定要求，视频拍摄师本身的审美能力也很关键。

出色的视频拍摄师可以提升整个短视频的成片效果，即使是简单的画面，视频拍摄师也能将美感呈现得淋漓尽致。

视频拍摄师的主要职责如下。

● 充分了解短视频脚本，通过镜头突出主题，运用各种镜头把短视频内容准确地传达给用户。

● 负责场景的搭建和短视频拍摄风格的设定等工作。

● 具备基本的短视频剪辑能力，能在拍摄时可以更清楚地知道需要重点表现哪些内容，从而有针对性地进行拍摄。

● 具备敏锐的观察力，能捕捉出镜人员所处的场景，以增强作品的表现力。

● 具备灵活的应变能力，能够灵活处理各种紧急情况，针对出镜人员的表演状态找到最佳的拍摄角度和灯光效果，完美地诠释出镜人员的表情和个性。

4．视频剪辑师

视频剪辑师主要根据脚本和创意负责剪辑拍摄的素材，添加背景音乐、配音和特效，使素材成为一个完整的短视频作品。

短视频虽然时长较短，但后期剪辑是一项耗时较长的工作，要求视频剪辑师有足够的耐心。视频剪辑师还要有较高的审美水平和文学素养，可以发现和设计短视频中的亮点，选择合适的节点添加特效和背景音乐，掌控短视频的节奏，使混乱的素材成为生动、流畅的故事。

视频剪辑师的主要职责如下。

● 筛选突出短视频主题的素材，对素材进行快速整理，并熟练剪辑，找准剪切点，使动作连接的画面流畅、生动。

● 选择配乐，在短视频的高潮阶段或温馨时刻加入符合情景的音乐，以增强画面的感染力，使画面的衔接得更加自然。

● 整体把控镜头运用、时长、画面质感、动画风格等。

5．出镜人员

出镜人员是短视频团队中的重要组成部分。出镜人员的演技、外貌、妆容、着装与饰演角色的气质是否相符是短视频创作者重点考虑的因素。出镜人员一般要喜欢在镜头前展示自我，能积极配合短视频团队的运营工作，并熟悉短视频平台主流的内容形式。

出镜人员的主要职责如下。

● 配合脚本拍摄短视频，按照要求完成拍摄，在短视频中出镜、配音，担任角色。

● 能够准确理解脚本，了解剧情结构和人物心理的发展变化，按照脚本排练和预演。

● 配合完成拍摄的前期准备，如短视频创意、短视频的选题策划及分镜头脚本的撰写等。

↘ 3.1.2　短视频团队的人员配置

明确短视频团队的人员配置，对一个刚刚搭建的短视频团队来说非常重要。一方面，清晰明确的人员配置可以让团队成员各司其职，发挥才能，快速投入到工作中，高效产出成果；另一方面，还能快速、高效地解决问题，防止出现工作推诿的情况，一旦出现问题，可以立即与负责这一部分的工作人员沟通。因此，明确短视频团队的人员配置是短视频运营工作稳定进行、增强团队凝聚力的重要保证。

一般来说，短视频团队的人员配置主要有以下3种情况。

1. 1人配置

1人配置是指1个人承包所有的工作。有的短视频团队因受经济条件等各种因素的影响，需要1个人包揽策划、拍摄、出镜、剪辑、运营等工作，在这种情况下短视频创作者的工作量非常大，制作短视频的时间成本较高，对短视频创作者的综合能力也有较高的要求。

2. 2人配置

2人配置可以让两个人相互分担整体的工作，但由于人数较少，分工并不是很明确，通常两个人都要承担策划、拍摄、出镜、剪辑、运营等工作，或者是一人承担策划、出镜、运营的工作，另一人承担拍摄和剪辑的工作。

这种人员配置相比1人配置会轻松一些，但整体工作量依旧比较大，要求两个人的综合实力较强。

3. 多人配置

多人配置是指3人或3人以上的短视频团队，包括运营专员、文案编导、视频拍摄师、视频剪辑师、出镜人员等，大家各司其职。

如果是处于起步阶段的短视频团队，人员配置为4～5人，包括运营专员、文案编导、视频拍摄师、视频剪辑师、出镜人员等，各由1人负责，分工明确。

账号进入正常运营期以后，短视频团队一般会进行人员扩充，逐步扩大团队规模，打造专业团队，包括导演、编剧、策划、道具人员、运营专员、出镜人员、化妆师、视频拍摄师、视频剪辑师、配音、美工等。这种配置的团队人力较为充足，分工更明确，团队发展的空间更大。例如，短视频团队可以做出更垂直化、专业化的内容，在内容和表现形式上达到精良、专业的水平，制作出更有创意的短视频；广度即采用多账号矩阵化运营，同一团队打造多个不同的IP，可以取得更好的效果。

3.2　短视频的拍摄

短视频的拍摄是一项实操性大于理论性的工作，短视频创作者不仅要选择合适的拍摄工具，还要熟练运用各种拍摄技巧，合理设计画面景别、光线位置、运镜方式和画面构图方式。

3.2.1 常用的短视频拍摄工具

"工欲善其事，必先利其器。"短视频的拍摄需要用到各种拍摄工具。要想拍好短视频，挑选合适的拍摄工具是关键。拍摄工具的选择也是一门学问，不同的短视频团队规模和预算有着不同的选择。

1. 拍摄设备

短视频的拍摄设备主要有智能手机、微单和单反相机。

（1）智能手机

目前人们拍摄短视频用得较多的拍摄设备就是智能手机，其优势如下。

● 轻便灵活，可以随身携带，可以随时拿出来进行拍摄，以免错过精彩瞬间。

● 具有强大的美颜功能，包括美白、磨皮、瘦脸等，其已经成为人们在日常拍摄中经常使用的功能。

● 在手机充满电的情况下可以连续使用10小时左右，有着极强的续航能力。

● 拥有全自动对焦功能，在拍摄时焦点的选择可以交给手机自动处理。

（2）微单

微单的全称叫做微型单反相机，其结合了卡片机、单反相机的一些优点。例如，它有单反相机拍摄质量高、画质清晰的优点，又有卡片机操作简单、容易携带的优点，不像单反相机那么笨重，也不像卡片机那样限制光圈、镜头尺寸，可操作性很强。

现在的微单带有美颜功能，开启该功能后人的肤色会被还原得很漂亮；有的微单配备WiFi功能，可以非常方便地把素材传输到手机上，如佳能G7 X Mark II；佳能EOS R10也是一款十分优秀的微单，画质非常好，视频跟踪连续对焦性能很强悍，可以录制4K视频，在1080P分辨率下录制120帧慢动作的功能非常强大，适合拍摄高质量的短视频或者一些商业素材。

（3）单反相机

当短视频团队发展到稳定阶段，面向更多样的用户群体，甚至承接短视频广告时，对画质和后期剪辑的要求会越来越高，这时就需要考虑使用更为专业的单反相机拍摄短视频。

单反相机的成像质量比微单和手机好，使用单反相机拍摄出来的画面更加清晰。单反相机的镜头样式多，包括定焦镜头、短焦镜头、长焦镜头等，可以满足更多的场景拍摄要求。

但是，单反相机的缺点也很明显，主要表现在三个方面：一是过于笨重，常规的单反相机质量为800克～1300克，视频拍摄师长时间将其端在手上对体力是个不小的考验；二是调整参数比较复杂，视频拍摄师必须熟悉快门、光圈、ISO感光度等参数之后才能灵活操作，否则会影响拍摄效果；三是电池续航能力差，很容易过热关机，在视频拍摄师外出拍摄时需要带上备用电池，或者找到稳定的电源供给。

2. 灯光设备

灯光造就了影像画面的立体感，是影像拍摄中的基本要素。在室内拍摄短视频时，最常用的灯光设备是伞灯和柔光灯。

（1）伞灯

将不同质地和规格的反光伞装在闪光灯上就成为伞灯（见图3-1），其特点是发光面积大，光线柔和，反差弱。

（2）柔光灯

在闪光灯上加上柔光罩，就成为柔光灯（见图3-2）。柔光灯所发出的光是由闪光灯发出的直射光与反光罩的反射光混合后，再经柔光罩透射扩散而成的，其特点是光线柔和，反差清晰，投影浓于伞灯，具有良好的层次表现。

图3-1　伞灯

图3-2　柔光灯

与拍摄电影时复杂的灯光布置相比，大部分短视频的拍摄要求并不高，"三灯布光法"就可以满足基本的拍摄要求。

● 主灯：主灯是主光，是一个场景中最基本的光源，可以将被摄主体最亮的部位或轮廓打亮。主灯通常放在被摄主体的侧前方，在被摄主体和拍摄设备之间连线约45度角到90度角之间的范围内。

● 辅灯：辅灯是补光，比主光亮度要小，一般放在与主光相反的地方，对未被主光覆盖的被摄主体暗部进行补光提亮。主光与补光的光比（光照强度比例）一般为2：1或4：1。

● 轮廓灯：轮廓灯发出的光主要起到修饰作用，可以打亮人体的头发和肩膀等轮廓，提升画面的层次感和纵深感，一般位于被摄主体后侧，与主光相对。

3. 辅助器材

拍摄短视频的辅助器材有很多，常用的有三脚架、稳定器、滑轨、话筒、摇臂等。

（1）三脚架

三脚架是短视频创作者拍摄短视频必备的基本工具之一，可以防止拍摄设备抖动而造成视频画面模糊。三脚架有很多种，有适合相机使用的，有适合手机使用的，还有适合放在桌面上使用的短三脚架，如图3-3所示。如果要拍摄在桌面上手工制作、写字、画画等短视频，短三脚架是最合适的工具。

图3-3　三脚架

由于短视频拍摄画面的比例要求不同，有的需要横屏，有的需要竖屏，若横屏拍摄一次，竖屏拍摄一次，就会费时费力，甚至出现细节差异，这时不妨使用多机位的三脚架同步拍摄，可以大大提升拍摄效率。

（2）稳定器

当拍摄人物追逐、骑单车、玩滑板等户外运动画面时，人物的运动速度很快，拍摄设备要跟随人物运动。如果视频拍摄师手持拍摄设备，拍摄出来的画面会抖动得非常厉害，而在拍摄设备上安装稳定器可以很好地解决这个问题。目前，稳定器主要分为两种，一种是手机稳定器，如图3-4所示；另一种是相机稳定器，如图3-5所示。

图3-4　手机稳定器

图3-5　相机稳定器

（3）滑轨

如果人物或物品不移动，短视频中长时间呈现的固定画面就会显得很死板。为了实现动态的效果，视频拍摄师可以使用滑轨（见图3-6）让拍摄设备进行平移、前推和后推等操作。拍摄设备前推可以营造一种接近目标的感觉，拍摄设备后推可以营造一种娓娓道来的感觉，拍摄设备平移或者围着目标旋转，可以拍摄动感的画面，给用户以代入感，使短视频看起来更流畅。

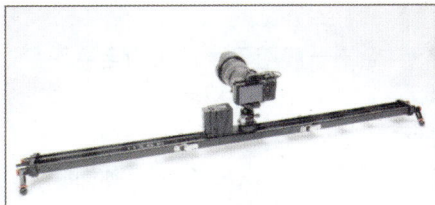

图3-6　滑轨

（4）话筒

话筒分为有线话筒和无线话筒。有线话筒的收音效果要更好一些，而且不会受到电池的影响，在拍摄室内脱口秀、人物访谈等短视频时可以使用有线话筒，将其夹在人物领口即可。当在室外拍摄活动场景类的短视频时，如运动或互动短剧，人物需要走动，这时就要用到无线话筒。当然，不管是有线话筒还是无线话筒，都要注意风噪问题，使用防风套能够很好地解决这个问题。

（5）摇臂

摇臂可以极大地丰富镜头语言，增加镜头画面的动感和多元化，让用户产生身临其境的感觉。摇臂拥有长臂优势，使用它能够拍摄到其他摄像机不能捕捉到的画面。不过摇臂的价格较高，个人或小团队可以用一些能够平稳移动的拍摄设备（如小推车、滑板、自行车等）代替。

↘ 3.2.2 画面景别的设计与运用

景别是指被摄主体和画面形象在屏幕框架结构中所呈现的大小和范围，是画面的重要造型元素之一，由远至近可以分为远景、全景、中景、近景和特写。不同的景别会带来视点、视野和视距的变化，景别的变化是实现造型意图，形成节奏变化，控制信息容量的重要因素。下面简要介绍各种画面景别的设计与运用方法。

1. 远景

远景一般用于表现远离拍摄设备的场景全貌，展示人物及其周围广阔的空间环境、自然景色和大场面的镜头画面。这种景别相当于人从较远的距离观看景物和人物，视野深远且宽阔，能够包容广阔的空间，人物在画面中所占的面积较小，甚至是点状，而背景占主要地位。画面给人以整体感，细节不突出，如图3-7所示。

图3-7 远景

2. 全景

全景一般用于表现人物全身形象或某一具体场景的全貌，该镜头画面中的光线、影调、人物运动及位置可以进一步表现人物与环境的关系，也被称为交代镜头，如图3-8所示。

需要注意的是，在全景画面中，人物的头顶以上与脚底以下都要有适当的留白，切不可"顶天立地"，但也不要将空间留得过大，否则会造成人物形象不清楚，降低画面的利用率。

图3-8　全景

3．中景

中景主要用于表现人物膝盖以上部分或者场景的局部画面。与全景相比，中景画面中的人物整体形象和环境空间不再是重点表现对象，画面更注重表现具体动作、结构和情节，如图3-9所示。

图3-9　中景

中景画面是叙事性的景别，在有情节的画面中，中景既给人物以形体动作和情绪交流的活动空间，又与周围环境保持一致，可以揭示人物的情绪、身份、相互关系及动作目的等。

4．近景

近景主要用于表现人物胸部以上的部分或者物体局部的画面。与中景相比，近景画面表现的空间范围更小，画面内容也更单一，环境和背景的作用进一步降低，吸引用户注意力的主要是画面中的被摄主体。近景是近距离观察人物的景别，能够清楚地表现人物的细微动作和面部表情，所以是刻画人物性格的重要景别，如图3-10所示。

图3-10　近景

背景在近景画面中的作用大大降低，所以近景画面一般力求简洁，色调统一，视频拍摄师尤其要避免背景中出现容易分散用户注意力的物体，要让被摄主体一直处于画面中的主导位置。

5. 特写

特写用于表现人物肩部以上的部分或者某些被摄主体细节的画面。由于特写画面的内容比较单一，所以可以起到放大形象、强化内容、突出细节等作用，如图3-11所示。

图3-11　特写

在特写画面中，被摄主体几乎充满画面，与用户的距离更近。在人物特写画面中，用户可以很清晰地看到人物的面部表情，这有利于刻画人物形象并描绘人物的内心活动。在有情节的叙事性短视频中，人物面部表情和眼神的变化在表现某些特殊画面时有着无限的可能性，是形成画面语言的戏剧因素。例如，画面中的人物眨一下眼睛代表某个事件将要发生，皱了皱眉头说明人物正在面对意外情况等。

同时，用户对被摄主体的认识会有所深化。例如，当一只紧攥成拳头的手充满整个画面时，它就不再只是一只手，而是象征着一种力量。

由于特写分割了被摄主体与周围环境的空间联系，画面的空间表现不明确，空间方位也不明确，所以常被用作转场镜头。在场景转换时，由特写画面转换至新场景时，用户不会觉得突兀和跳跃。

↘ 3.2.3　光线位置的设计与运用

光线位置，即光位，就是指光源相对于被摄主体的位置，也就是光线的方向与角度。同一被摄主体在不同的光位下会产生不同的明暗造型效果。光位主要分为顺光、逆光、侧光、顶光与脚光等。

1. 顺光

顺光，又称正面光，光线的投射方向与拍摄方向一致。采用顺光拍摄时，视频画面中前后物体的亮度是相同的，亮暗反差不太明显，被摄主体会受到均匀照明，影调比较柔和，如图3-12所示。使用顺光拍摄风景时，能够得到平和、清雅的画面效果；使用顺光拍摄人物时，能够得到过渡层次平缓细致、自然柔和的画面效果。不过，使用顺光不利于在画面中表现透视效果和空间立体效果，色调对比和反差也不够丰富。

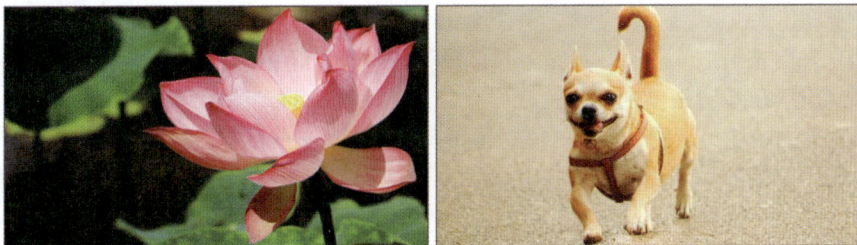

图3-12 顺光

2. 逆光

逆光，又称背面光，指来自被摄主体后面的光线照明。使用逆光可以清晰地勾画出被摄主体的轮廓形状，被摄主体只有边缘部分被照亮，而其余部分处于阴影下，这对表现被摄主体的轮廓特征，把物体与物体、物体与背景分离出来都极为有效，可以使画面层次更加丰富，如图3-13所示。

图3-13 逆光

逆光可以形成暗色的背景，烘托被摄主体，使画面显得空旷、安静，渲染人物情绪。某些半透明物体（如丝绸、植物的叶子、花瓣等）在逆光照射下会更有质感。

3. 侧光

当光线的投射方向与拍摄方向呈90°时，即为侧光。侧光能够在被摄主体表面形成明显的受光面、阴影和投影，可以表现被摄主体的轮廓形态和质感细节，如图3-14所示。在拍摄人物时，使用侧光能够表现人物情绪，通常会在特写画面中将侧光打在人物面部一侧。侧光的缺点是画面会形成一半明一半暗的过于折中的影调和层次，在拍摄大场面的镜头画面时使用侧光会显得光线不均衡。

图3-14 侧光

4. 顶光与脚光

顶光来自被摄主体顶部。在室外，最常见的顶光是正午的太阳光线；而在室内，较强的顶光投射在被摄主体上，未受光面就会产生阴影，强烈的阴暗对比可以反映出人物特殊的精神面貌和特定的环境、时间特征，营造压抑、紧张的氛围。

脚光可以填补其他光线在被摄主体下部形成的阴影，或者用于表现特定的光源特征和环境特点。如果将其作为主光，会给人一种神秘、古怪的感觉。

↘ 3.2.4 运镜方式的设计与运用

镜头是短视频的基本组成单位。镜头语言是通过运动镜头的方式来表现的。

运动镜头是相对于固定镜头而言的，指通过机位、焦距和镜头光轴的运动变化，在不中断拍摄的情况下形成视点、场景空间、画面构图、拍摄对象的变化，不经过后期剪辑，在镜头内部形成多构图、多元素的组合，其目的是为了增强画面动感，扩大镜头视野，影响短视频的速度和节奏，赋予画面独特的感情色彩。常见的运镜方式有推镜头、拉镜头、摇镜头、移镜头和升降镜头。

1. 推镜头

推镜头是指画面由远及近，向被摄主体方向移动，景别逐渐变小，如图3-15所示。推镜头改变了用户的视线范围，画面由整体慢慢引向局部，突出局部的细节感，还可以制造悬念。

图3-15 推镜头

2. 拉镜头

拉镜头与推镜头相反，镜头向被摄主体反方向运动，画面由近及远，景别由小变大，在镜头后拉的过程中视距变大，用户的视线范围由细节变为整体，常用于表现人物与环境的宏观场面或空间关系，如图3-16所示。

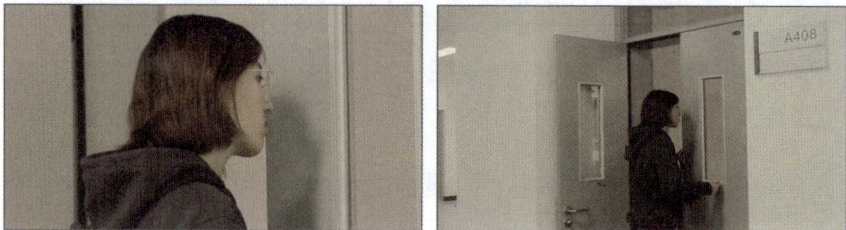

图3-16 拉镜头

3．摇镜头

摇镜头是指拍摄设备的位置保持不动，镜头通过上、下、左、右、斜等方式拍摄人物与环境，给人感觉是从被摄主体的一个部位向另一个部位逐渐观看，摇摄全景或者跟着被摄主体的移动进行摇摄（跟摇），使用户如同站在原地环顾、打量周围的人或事物，如图3-17所示。摇镜头主要用于表现事物的逐渐呈现，一个又一个的画面从渐入镜头到渐出镜头，完整展现了整个事物的发展，如图3-17所示。

图3-17　摇镜头

甩镜头也属于摇镜头的一种方式，指快速地将镜头摇动，极快地转移到另一个画面，而中间的画面则产生一片模糊的效果。这种拍摄方式可以表现画面内容的突然转换，会让用户产生紧张感和紧迫感，常用于逃跑、打斗、紧张地环顾四周等拍摄场景。

4．移镜头

移镜头是指镜头沿水平方向向各个方向移动拍摄，可以展现各个角度的画面，把运动的人物和景物交织在一起，产生强烈的动态感和节奏感，表现出各种运动条件下的视觉艺术效果，如图3-18所示。

图3-18　移镜头

跟镜头也属于移镜头的一种方式，不过移镜头一般指镜头保持直线运动，而跟镜头是指镜头跟踪被摄主体，方向不定。跟镜头可以全面、详尽地展现被摄主体的动作、表情和运动方向，给人一种身临其境的感觉，如图3-19所示。

图3-19　跟镜头

5. 升降镜头

升降镜头分为升镜头和降镜头。升镜头是指拍摄设备做上升运动所拍摄的画面，可形成俯视拍摄，以显示广阔的空间，如图3-20所示；降镜头是指拍摄设备做下降运动所拍摄的画面，多用于拍摄大场面，营造气势。

图3-20 升镜头

升降镜头能够改变镜头视角和画面的空间，带来画面视域的扩展与收缩和镜头视点的连续变化，从而形成多角度、多方位的多构图效果，有利于展现纵深空间中的点面关系，从而渲染画面气氛。

↘ 3.2.5 画面构图方式的设计与运用

构图是表现短视频内容的重要因素，视频拍摄师通过对画面内景物的取舍与光线的运用，使画面起到突出被摄主体、聚焦视线的作用。因此，要想拍摄出理想的画面，首先要熟悉一些常用的短视频画面构图方式。

1. 中心构图法

中心构图法是指将被摄主体放置在画面中心进行构图的方法，其优点是被摄主体突出且明确，能够获得左右平衡的画面效果。在使用中心构图法时，被摄主体占拍摄画面的比例要大一些，画面背景不能杂乱无章，最好使用简洁或者与被摄主体反差较大的背景，从而更好地烘托被摄主体，加强对被摄主体特征的表达，如图3-21所示。

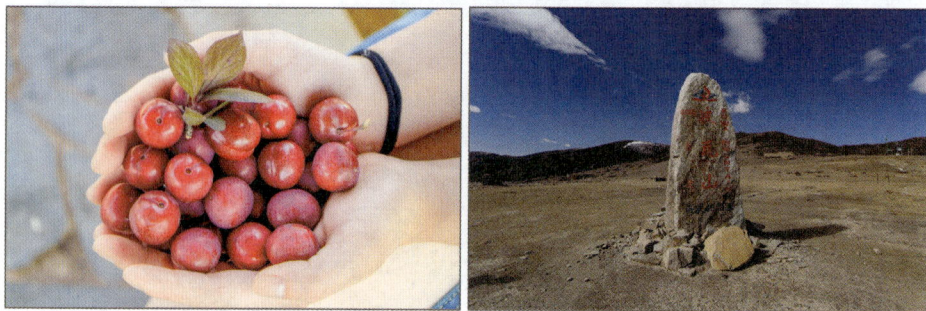

图3-21 中心构图法

2. 对称构图法

对称构图法就是画面按照对称轴或对称中心使画面中的景物形成轴对称或者中心

对称的构图方法，其具有稳定、平衡、互相呼应的特点，常用于表现对称物体、建筑物或具有特殊风格的物体，可以给人一种庄重、肃穆的感觉，如图3-22所示。但对称构图法不适合表现快节奏的内容，有时采用这种构图方式的画面会显得有些呆板、缺少变化。

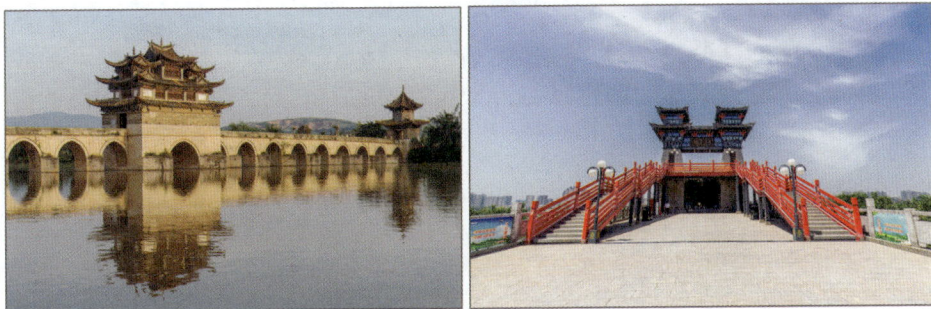

图3-22　对称构图法

3. 二分构图法

二分构图法就是利用线条把画面分割成上下或者左右两部分的构图方法，在拍摄天空和地面或水面相交的地平线时比较常用，如图3-23所示。使用这种构图方法时，可以将地平线或水平线放在画面中间附近，将画面一分为二。

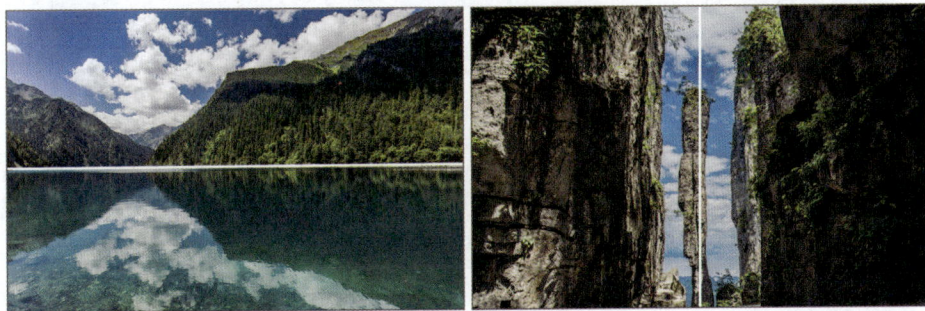

图3-23　二分构图法

4. 三分构图法

三分构图法又分为垂直三分构图法和水平线三分构图法，可以避免画面的对称，增强画面的趣味性，避免画面呆板。在使用三分构图法时，通常是将画面在横向或纵向上划分成占1/3和2/3面积的两个区域，将被摄主体安排在三分线上，从而使被摄主体突出、灵活、生动。

（1）垂直三分构图法

垂直三分构图法是指被摄主体垂直于画面左右1/3处的一种构图方法，采用这种方法会让画面变得更加动感，如图3-24所示。

图3-24 垂直三分构图法

（2）水平三分构图法

水平线三分构图法是指将整体画面分为上中下三等分的构图方法，将被摄主体放置在画面上下1/3处，给人以庄重、宏伟的感觉，如图3-25所示。

图3-25 水平三分构图法

5. 九宫格构图法

九宫格构图法就是利用画面中的上、下、左、右四条分割线对画面进行分割，将画面分成相等的九个方格的构图方法。拍摄时将被摄主体放置在线条四个交点上，或者放置在线条上，这样拍摄出的画面看起来更和谐，被摄主体自然成为用户的视觉中心，并且画面趋于平衡，如图3-26所示。

图3-26 九宫格构图法

6. 引导线构图法

引导线构图法是指利用引导线来引导用户的目光，使其汇聚到被摄主体上的构图方法。采用这种构图方法可以加强画面的纵深感和立体感，比较适合拍摄大场景、远景画面。

采用这种构图方法时，引导线不一定是具体的线条，只要是有方向性的、连续的事物即可，如流动的溪水、整排的树木、笔直的道路等均可作为引导线，在拍摄时要注重意境和视觉冲击力的表现，如图3-27所示。

图3-27 引导线构图法

7. 框架式构图法

框架式构图法就是利用前景景物形成某种具有遮挡感的框架的构图方法，采用这种构图方法有利于增强画面的空间深度，将用户的视线引向中景、远景处的被摄主体，如图3-28所示。采用这种构图方法会让用户产生一种窥视的感觉，增强画面的神秘感，从而激发用户的观看兴趣。

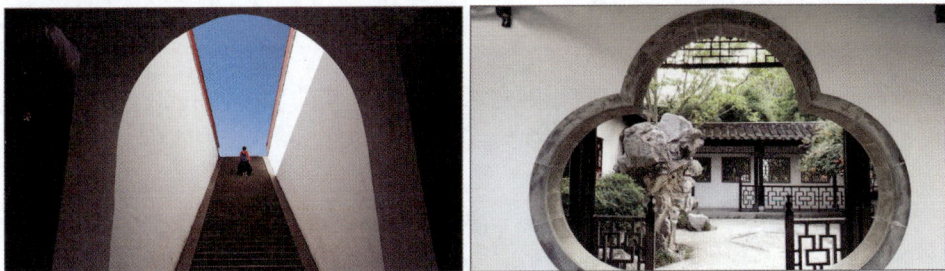

图3-28 框架式构图法

需要注意的是，构建框架的景物不能喧宾夺主，因为利用框架的目的是为了衬托被摄主体，如果框架过于繁杂，就会过多地吸引用户的注意力，这就背离了使用这种构图方法的初衷。

3.3 短视频的后期剪辑

短视频的前期拍摄工作固然很重要，但如果短视频不经过后期剪辑处理，很难给用户带来强烈的视觉冲击力，吸引用户的眼球。下面将介绍常用的短视频后期剪辑工具、短视频画面转场的设计、短视频背景音乐的选择，以及为短视频配音和添加字幕。

↘ 3.3.1　常用的短视频后期剪辑工具

短视频的后期剪辑处理要用到后期剪辑工具，利用它们可以对拍摄的短视频进行剪辑，添加转场、字幕与特效等，凸显短视频的专业性和艺术性。下面将介绍几种常用的短视频后期剪辑工具。

1. 剪映

剪映是抖音官方推出的一款短视频剪辑工具，它具有强大的视频剪辑功能，支持视频变速与倒放，用户利用它可以在短视频中添加音频、识别字幕、添加贴纸、应用滤镜、使用美颜等，而且它提供了非常丰富的曲库和贴纸等资源。即使是短视频制作的初学者，也能利用这款工具制作出自己心仪的短视频作品。

2. Premiere

Premiere作为一款流行的PC端非线性视频编辑处理工具，在影视后期、广告制作、电视节目制作等领域有着广泛的应用，同样也是短视频后期剪辑领域中非常重要的工具。Premiere拥有强大的视频剪辑功能，易学且高效，可以发挥用户的创造能力和创作自由度。

3. 爱剪辑

爱剪辑是一款简单实用、功能强大的短视频剪辑工具，用户利用它可自由地拼接和剪辑短视频，其创新的人性化界面是根据用户的使用习惯、功能需求与审美特点进行设计的。爱剪辑拥有为短视频添加字幕、调色、添加相框等齐全的剪辑功能，且具有诸多创新功能和影院级特效。

4. 快影

快影是快手旗下一款简单易用的短视频剪辑工具，内置丰富的音乐库、音效库和新式封面，让用户在手机上就能轻松完成短视频后期剪辑，制作出令人惊艳的趣味短视频。

5. 快剪辑

快剪辑是360旗下的一款功能齐全、操作简单、可以边看边剪辑的短视频剪辑工具，既有PC端快剪辑，也有移动端快剪辑。快剪辑是抖音、快手、哔哩哔哩、微信朋友圈等平台用户强烈推荐的一款短视频剪辑工具，无论是刚入门的新手，还是视频剪辑专家，快剪辑都能帮助用户快速制作出爆款的短视频作品。

↘ 3.3.2　短视频画面转场的设计

转场是场景或段落之间的切换，又称场景过渡。合理的转场可以增加短视频的连贯性、条理性、逻辑性和艺术性。转场分为两类，分别是技巧转场和无技巧转场。

1. 技巧转场

技巧转场是指用特技的手段进行转场，常用于情节之间的转换，能够给用户带来明确的段落感。技巧转场又分为淡入淡出转场、叠化转场和划像转场等。

（1）淡入淡出转场

淡入淡出转场是指上一个镜头的画面由明转暗，直至黑场，下一个镜头的画面由暗转明，逐渐显现，直至正常的亮度。淡入和淡出画面的长度一般各为2秒，但在实际剪辑时要根据故事情节、人物情绪和节奏的要求来调整。一般来说，淡入淡出转场用于短视频中某一场景的开头或结尾、时间或地点的变化等。

（2）叠化转场

叠化转场是指前一个镜头的画面与后一个镜头的画面相叠加，前一个镜头的画面逐渐暗淡隐去，而后一个镜头的画面逐渐显现并清晰的过程。运用叠化转场时，前后两个镜头会有几秒的重叠，可以呈现出一种柔和、舒缓的视觉效果。

叠化转场主要有四个作用，一是用于时间的转换，表示时间的流逝；二是用于空间的转换，表示空间发生了变化；三是表现事物的变幻莫测，营造出一种目不暇接的效果；四是表现梦境、想象和回忆等场景。

（3）划像转场

划像转场是指两个画面之间的渐变过渡，可以突出时间和地点的跳转。划像转场分为划出与划入，划出指的是前一画面从某一方向退出屏幕，划入指的是下一个画面从某一方向进入屏幕。在画面过渡的过程中，短视频中的画面被某种形状的分界线分隔，由于划像转场的效果十分明显，因此多用于两个内容意义差别较大的场景转换。

2. 无技巧转场

无技巧转场是用镜头的自然过渡来连接上下两个画面，强调视觉的连续性。无技巧转场主要分为以下几种。

（1）空镜头转场

空镜头是指一些没有人物的镜头，空镜头转场常用于交代环境、背景、时间等，抒发人物情绪，表达主题思想，是短视频创作者表达思想内容、抒发情感意境、调节剧情节奏的重要手段。空镜头有写景和写物之分，前者被称为风景镜头，一般用来表现全景或远景；后者被称为细节描写，一般用来表现近景或特写。

（2）声音转场

声音转场是指用音乐、解说词、对白等和画面的配合实现转场。声音转场可以利用声音过渡的和谐性自然转换到下一画面，主要方式为声音的延续、声音的提前进入、前后画面声音相似部分的叠化，可以实现场景的大幅度转换。

（3）主观镜头转场

主观镜头是指借人物视觉方向所拍的镜头，主观镜头转场是指上一个镜头在拍被摄主体观看某处的画面，下一个镜头接以被摄主体的视角观看到的画面。主观镜头转场是按照前后两个镜头之间的逻辑关系来处理转场的，既可以使画面转换得自然、合理，还能调动用户的好奇心。

（4）特写转场

特写转场是指无论前一个镜头是什么，下一个镜头都可以从特写开始，这样可以对局部进行突出和放大，展现一种平时在生活中用肉眼看不到的景别。

（5）两极镜头转场

两极镜头转场是指前后两个镜头在景别和动静变化等方面有着巨大的反差，处于两个极端。例如，前一个镜头是特写，下一个镜头则是全景或远景，这种转场方式能够起到强调对比的作用。

（6）相似被摄主体转场

相似被摄主体转场有以下三种类型。

第一种是上下两个镜头中的被摄主体相同，通过被摄主体的运动、被摄主体的出画入画，或者摄像机跟随被摄主体移动，从一个场景进入另一个场景，以完成空间的转换。

第二种是上下两个镜头中的被摄主体属于同一类物体，但并非同一个物体。例如，上一个镜头中的被摄主体是一个水杯，而下一个镜头中的被摄主体是另外一个人手里的水杯，两个镜头对接，可以实现时间、空间或时空同时转换。

第三种是上下两个镜头中的被摄主体在外形上具有相似性。例如，上一个镜头中的被摄主体是月亮，下一个镜头中的被摄主体是圆镜，也可以完成转场。

（7）遮挡镜头转场

遮挡镜头转场是指在上一个镜头接近结束时，被摄主体挪近以至遮挡拍摄设备的镜头，下一个被摄主体又从拍摄设备镜头前走开，以实现场景的转换。这种转场方式可以给用户带来强烈的视觉冲击力，还可以制造悬念，使短视频节奏更加紧凑。

↘ 3.3.3 短视频背景音乐的选择

要想让短视频获得足够高的人气和热度，短视频创作者就要为其配上十分恰当的背景音乐。背景音乐具有强烈的表达属性，可以迅速地与短视频结合起来，背景音乐可以提升短视频的情绪表达效果，让用户的情感与短视频内容融合在一起。

在为短视频选择背景音乐时，要遵循以下原则。

1. 根据短视频的情感基调选择

短视频创作者在拍摄短视频时，要清楚短视频要表达的主题和想要传达的情绪，确定短视频的情感基调，以此作为依据来选择背景音乐。

例如，美食类短视频是为了让用户体会到一种轻松自在、心情舒畅的心理感受，所以要选择欢快、休闲风格的背景音乐，如纯音乐、爵士音乐和流行音乐等。

时尚、美妆类短视频主要面向喜欢潮流和时尚的年轻人，在选择背景音乐时，可以挑选一些节奏较快的音乐，如流行音乐、电子音乐、摇滚音乐等。

对于旅行类短视频，短视频创作者可以根据景色的特点来选择相应的背景音乐，如果景色气势磅礴，应当选择气势恢宏的音乐，或者节奏鲜明的爵士音乐和流行音乐；如果是古朴典雅的景色或建筑，可以选择古典音乐；对于表现中国优秀传统文化的短视频，可选择轻柔的音乐来渲染气氛，以增强用户的代入感，使用户更深入了解中国优秀传统文化。

搞笑类短视频以剧情为主，恰当地使用背景音乐不仅可以推动剧情发展，还能增强喜剧效果，对于这类短视频，短视频创作者一般多选用搞怪类别的音乐或者与剧情差异较大的音乐，以突出剧情反转的"笑"果。

2. 背景音乐要配合短视频的整体节奏

很多短视频的节奏是由背景音乐来带动的，为了使背景音乐与短视频内容更加契合，后期剪辑时最好按照拍摄的时间顺序对短视频进行简单的剪辑，然后分析短视频的节奏，再根据整体的节奏来寻找合适的背景音乐。从整体上来讲，短视频的节奏和背景音乐匹配度越高，短视频就越吸引人。

3.　背景音乐不能喧宾夺主

背景音乐在短视频中起的是衬托短视频内容的作用，最高境界是让用户感觉不到它的存在，所以背景音乐不能喧宾夺主。如果背景音乐过于嘈杂，或者对用户的感染力已经超过短视频本身，就会影响用户对短视频内容的注意力。

4.　选择热门音乐

在遵循以上原则的基础上，要想让短视频获得更多平台的推荐，最好选择热门音乐作为背景音乐。

以抖音平台为例，在发布短视频时，点击上方的"选择音乐"界面，再点击"搜索"|"发现更多音乐"，在"歌单分类"选项处点击"查看全部"（见图3-29），进入"歌单分类"界面（见图3-30），再点击"热歌榜"或"飙升榜"就能看到当下较受欢迎的各类音乐，找到自己想要使用的背景音乐后点击"使用"按钮即可，如图3-31所示。

图3-29　点击"查看全部"　　图3-30　歌单分类　　图3-31　使用飙升榜中的音乐

↘ 3.3.4　为短视频配音

为短视频配音也是短视频后期剪辑的重要工作之一，恰到好处的配音可以为短视频锦上添花。常见的配音方式主要有以下三种。

1.　短视频创作者自己配音

短视频创作者自己为短视频配音时要使用支架固定话筒，因为手持话筒时难免会出现颤动，这样可能会产生噪声，尤其是在说话时，随着人的情绪变化和表达的需要，手持话筒动作幅度较大时会影响配音效果。

短视频创作者要将话筒置于与人脸平面呈30°角以内的位置，并为话筒套一个防风罩，以防在说某个词音量过重时录入爆破音；在配音时不要打开可以发出声响的电器，手机要调成静音模式，旁边有人时不要发出与配音内容无关的声响；把握好配音内容的基本感情色彩，恰当地停顿和连接，不能让配音内容支离破碎。

2. 请专业团队配音

对很多人来说，配音是一件比较有挑战性的工作，可能会存在很多问题，如普通话不标准，声音不好听，说话时紧张、忘词、卡顿等，这样一来就无法达到理想的配音效果。如果短期内无法克服这些困难，可以考虑请专业团队来配音，其收费一般根据配音的难度和时长而定。

3. 使用配音工具

使用配音工具可以很好地规避自己配音的局限性，成本较低，既简单又方便。例如，配音家就是一款出色的短视频配音工具。

配音家是一款基于语音合成技术的专业配音工具，内置了很多不同特色的声音，适用于短视频、广告宣传片、企业宣传片、影视解说等多种需要配音的场景。短视频创作者可以打开"配音家"微信小程序，根据自己的喜好和需要自由地进行配音处理，只要输入配音的文字，点击"生成语音"就能够轻松配音（见图3-32），完成配音后可以点击"导出"按钮生成音频文件，应用于短视频剪辑中。

为了最大程度地丰富配音特色，配音家提供了各种音色，如女声、男声、童声、外语、方言等，短视频创作者还可以设置更详细的音色特征，如图3-33所示。

图3-32　生成语音

图3-33　选择音色

↘ 3.3.5　为短视频添加字幕

为短视频添加字幕，能够方便用户了解短视频内容，而带有字幕的短视频成为爆款的概率更高。大多数短视频后期剪辑工具都支持添加字幕，在为短视频添加字幕时，短视频创作者要注意以下几点。

● 字幕的颜色一般采用白色，但要避免字幕颜色与背景颜色相冲突，可以为白色字幕添加对比明显的边框，但边框不要太大，以免影响美观度。

● 字幕最好不要遮挡短视频画面的主要内容，一般放在短视频画面的正下方。

● 除了要达到幽默搞笑效果的特殊情况，字幕中不要出现错别字，要以严谨的精神对待添加字幕的工作。

● 字幕要通顺、流畅，与短视频中人物所说的话要保持一致。

课后实训：搭建短视频团队、拍摄并剪辑短视频

1. 实训目标

掌握拍摄和剪辑短视频的方法。

2. 实训内容

5人一组，以小组为单位，先讨论分析，分配各自的职责，成立短视频团队，然后使用设备拍摄短视频作品，并进行后期剪辑。

3. 实训步骤

（1）搭建短视频团队

小组讨论各个成员的擅长技能，分配各自的职责，确定好以后搭建短视频团队，确定选题，做出规划。

（2）拍摄短视频素材

熟练掌握拍摄设备的使用方法，在拍摄短视频作品时要重点考虑景别、光线位置、镜头运动和画面构图等方面的设计。

（3）后期剪辑短视频素材

拍摄完毕后，短视频团队使用剪辑工具剪辑短视频素材，做出转场设计，选择合适的背景音乐、配音和字幕。

（4）实训评价

进行小组自评和互评，撰写个人心得和总结，最后由教师进行评价和指导。

课后思考

1. 简述短视频画面景别的类型。
2. 简述短视频运镜方式的类型。
3. 简述短视频画面构图的主要方式。
4. 简述短视频画面转场的主要类型。

第 4 章　短视频营销与变现：快速抓住流量红利

知识目标

- 掌握设计短视频封面、标题、标签的方法。
- 掌握撰写短视频文案的方法。
- 掌握短视频引流推广的技巧。
- 掌握短视频用户运营的技巧。
- 了解短视频商业变现的模式。

能力目标

- 能够设计短视频封面、标题、标签，并撰写文案。
- 能够对短视频进行多渠道引流推广。
- 能够做好用户运营，与用户建立紧密的联系。
- 能够找到短视频商业变现的有效途径。

素养目标

- 遏制"唯流量至上"的歪风，在短视频营销中让流量释放正能量。
- 坚持底线思维，强化底线意识，坚守底线，不越红线。

　　要想让创作的短视频成为爆款，除了打造优质内容以外，还要对短视频进行营销推广。但营销推广不是一蹴而就的，需要提前打好基础，将短视频的封面、标签、标题和文案都打造好，然后找到合适的方法进行引流推广，引爆短视频的热度，同时做好用户运营，让热度继续发酵并逐渐扩散，在此基础上选择合适的商业变现模式，最终实现商业变现的目的。

4.1　短视频营销的前期准备

要想让短视频营销的效果更加突出，前期准备是必不可少的。短视频制作好以后不能立即发布，还要设计短视频的封面、设计短视频标题、设置短视频标签，以及撰写短视频文案，如果前期准备得到位，这些因素都会对短视频的推广起到明显的促进作用。

4.1.1　设计短视频封面

封面又称头图，它是用户第一眼看到的内容，会给用户留下第一印象。一个好看的短视频封面会让用户观看短视频的欲望更加强烈，从而增加短视频的点击率。

短视频封面要符合以下要求。

1. 增加吸引力

短视频封面如果不能在第一时间吸引用户，就是失败的。当然，要想抓住用户的眼球，也要讲究一些技巧，方法主要有以下几种。

● **表情夸张：**夸张的表情可以传递丰富的情绪信息，与表情平淡的人物图片相比，封面中表情夸张的人物图片更容易引发用户的"吐槽"和互动。

● **制造对比：**对比是打破用户机械反应的有效方法，对比效果越强烈，就越容易刺激用户点击观看。

● **引发好奇：**在好奇心的驱使下，大多数用户会产生期待、快乐等积极情绪，从而产生进一步行动的动力。

● **增强戏剧性：**戏剧性是人物的内心活动通过外部动作、台词、表情等直观地表现出来，直接诉诸用户的感官。戏剧冲突越剧烈，越能刺激用户的大脑，使其产生点击观看的欲望。

2. 封面要与内容相关

短视频封面要与短视频内容保持一致，具有高度的关联性，这样可以让用户非常清楚地了解短视频的内容。例如，创作美食类短视频时，可以用食材、菜品图片作为封面；创作旅游类短视频时，可以用风景、人物图片作为封面。

3. 要有原创性

如今短视频领域越来越注重原创，各大平台都在大力支持原创内容。封面作为短视频作品的一部分，也要有原创性。在设计短视频封面时，短视频创作者可以选取短视频内容中的某一个画面进行修饰，设计一种独具个性的封面，或者专门设计一个封面图，并打上个人标签，形成个人特色。

4. 无水印字样和广告词汇

水印是指在图片上添加的半透明Logo或图标，可以防止他人盗用图片，同时也可以对图片设计者进行宣传。但是，水印会破坏图片的整体观感，影响图片的质量，所以短视频封面图中不允许有水印。此外，短视频封面中也不能出现广告词汇，否则容易导致短视频无法通过平台审核，或者即使通过审核也无法获得平台推荐。

5. 图片质量要高

短视频封面图要完整。如果封面上有文字，就要把文字放在最佳展示区域，不要被标题或播放按钮遮挡。封面的比例要合理、美观，不能存在拉伸变形的情况。通过调整图片的清晰度、亮度和饱和度，可以提升用户体验。另外，封面布局要简洁，层次要分明，以便用户能够迅速抓住重点。

↘ 4.1.2　设计短视频标题

标题是短视频播放量之源，有时即使标题只有一字之差，其播放量也会有天壤之别。为短视频设置标题时，短视频创作者要重点考虑以下几个方面。

1. 明确用户标签

确定短视频的目标用户群体，通过增加用户标签提升代入感。用户标签十分丰富，有很多可以利用的维度，如身份、学校、职业、年龄、性别、兴趣爱好等，如以"身份"为标签的标题"开学季采访，你的录取通知书长什么样子？"

2. 明确用户痛点

明确用户痛点是短视频创作者进行短视频创作的前提，只有摸清了用户的痛点，短视频创作者才能从用户的角度出发创作出满足用户需求的短视频。在短视频标题中明确用户痛点，就很容易吸引具有同类痛点需求的用户点击观看。

3. 引发用户好奇心

短视频标题可以引发用户的好奇心，促使其对短视频的内容产生兴趣，进而产生点击观看的欲望。引发用户好奇心的标题设置方法有很多，常用的方法包括以下三种：使用疑问句；在标题中提供两个完全不同甚至相互对立的观点和事实，用强烈的对比和冲突来吸引用户；制造神秘感，引发联想。

4. 进行数据化描述

短视频创作者在标题中可以通过具体的数字对短视频内容进行数据化描述，给用户以直观和具体的感受。标题中的数字形式一般采用阿拉伯数字形式，而不是汉字形式。例如，某个短视频创作者在哔哩哔哩上发布了这样一条短视频，其标题为"裸辞后9个月：从5天赚5万到5个月0收入"，获得了7.6万次的播放量，如图4-1所示。

5. 引发用户情感共鸣

短视频标题中如果有情绪共鸣点，就可以让用户感同身受。例如，抖音上有一条短视频的标题为"顺境中善待别人，逆境中一定要善待自己"，该短视频展现了某位知名人物的访谈和个人经历，阐述了人生感悟，看完后会引人深思，激发共鸣。

图4-1　进行数据化描述

6. 找准关键词

现在短视频平台大多使用智能推荐来分发内容，其基本流程为：机器解析—提取关键词—按标签推荐—推送给相关用户—用户点击观看。

机器算法对图文内容解析的优先级要高于短视频内容，机器很难在短视频中获取相关的有效信息，较为直接、有效的获取途径是短视频的标题、描述、标签和分类等。在进行推荐分发时，短视频平台会通过用户输入的关键词给出搜索列表，如果短视频的标题中有用户搜索的关键词，就会被平台推荐。

因此，短视频创作者在设置短视频标题时可以多添加一些流量高的关键词，这对提升短视频的推荐量和播放量都是非常有益的。短视频创作者可以利用微信指数和百度指数查看关键词的相关热度指数，以便对短视频的播放量有初步的判断。

7. 追热点

短视频创作者在设置短视频标题时也可以追热点，其目的是借助热门话题将自己的短视频传播给更多的用户，让更多的用户知道自己的短视频账号。但需要注意的是，要追的热点要与短视频账号的定位具有相关性，例如，每次一出现新闻热点，很多自媒体人纷纷发稿、发短视频追热点，为自己的作品带来了不少流量，但如果该新闻热点与短视频定位没有任何关联，就算有了流量，其营销效果也不会很好。

8. 确定标题句式

短视频标题要多用短句，并合理断句，避免使用特别长的句子，这样可以控制文字的节奏。标题除了采用陈述句式，还可以尝试采用疑问句、反问句、感叹句或设问句等句式，以引发用户的思考，增强代入感。

一般来说，短视频标题要用两段式或三段式，这样不仅易于用户理解，还可以承载更多的内容，层层递进，图4-2所示分别为两段式和三段式标题。

图4-2 确定标题句式

9. 标题字数要适中

短视频标题的字数要适中，不宜过多，否则会显得非常冗杂，不利于用户了解短视频的主要内容，但字数过少会影响机器算法提取信息的准确度。一般来说，短视频标题的字数控制在20～30个为宜，具体情况要依据各平台标准来定。

↘ 4.1.3 设置短视频标签

在短视频领域，标签是短视频创作者定义的用于概括短视频主要内容的关键词。在推荐算法机制中，用户每天都会收到大量标签化的推荐信息。对短视频平台而言，标签就相当于用户画像，标签越精准，短视频就越容易得到平台的推荐，直接触达目标用户群体。而对用户而言，标签是用户搜索短视频的通道，很多标签会在短视频下方展示，用户能够通过点击标签直接进行搜索。

标签是短视频非常重要的流量入口，很多短视频播放量过低，很大程度上是因为没有给短视频打上合适的标签。图4-3所示为某短视频创作者在哔哩哔哩上发布短视频时为短视频打的标签。

为短视频打标签的要求如下。

1. 合理控制标签个数和字数

标签意味着符合该关键词画像的用户群体，不同的标签代表着不同的用户群体，短视频创作者在短视频平台发布短视频时，一般短视频标签个数为3～5个，每个标签的字数为2～4个。如果标签太少，就不利于平台的推荐和分发；如果标签太多，容易淹没重点，错过目标用户群体。

例如，如果短视频创作者要发布一条美食类的短视频，就可以添加"鱼香肉丝""川菜""菜谱""美食"等标签，这样就涵盖了短视频的类型领域和细分领域。

图4-3 为短视频打标签

2. 标签要精准

尽管标签代表着分发给不同的用户群体，但这并不代表短视频的标签类别越多，触及的用户群体类型就越多。如果短视频账号主打美食领域，短视频创作者在发布短视频时就不能打上影视、美妆等标签，因为这些标签非但不会吸引更多的用户，反而会起到反作用。

因此，在为短视频打标签时，要挖掘出短视频内容的核心要点，提炼出其中最有价值、最具代表性的特点，以强化标签的认知度。也就是说，短视频的主要内容是什么，就打什么类型的标签。

3. 标签范畴要合理

标签的范畴要合理，既不能太宽泛，也不能太细分。太宽泛容易丧失其特性，被大量竞品信息所淹没；而太细分会使短视频分发范围限定在狭窄的用户群体中，损失大量潜在的用户群体。例如，一条关于"春季色"的识别肤色的短视频，比较合理的标签是

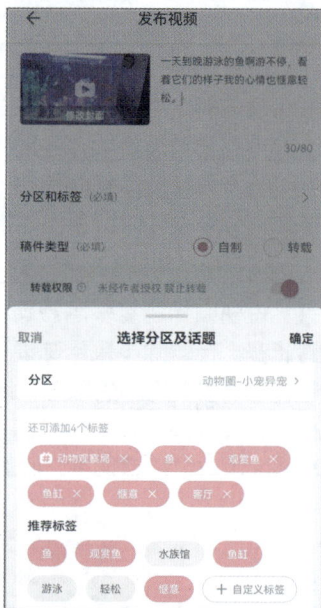

"美容""肤色鉴定""色彩鉴定"等，如果只添加"春季色"一个标签，其标签范畴就太细分，容易损失搜索流量。

4. 紧追热点

追热点是新媒体工作者的基本功，短视频创作者在短视频制作与发布过程中，如果热点追得好，流量一般不会少，而且各大短视频平台对热点话题都会有一定的流量倾斜。因此，在为短视频打标签时，也要尽可能地追热点，从而增大短视频的曝光率，获得更多的推荐。当然，短视频创作者追热点时要讲究原则，不能毫无底线地蹭热点，如果热点话题与自己的短视频内容无关，只会损失既有的用户。

↘ 4.1.4 撰写短视频文案

在短视频平台中，短视频才是重心，文案只是"绿叶"，但有时一段极具感染力的文案也可以助推短视频成为爆款。

优质的短视频文案一般具有以下特点：抓住用户痛点、营造场景、描述细节、具有引导力、通俗易懂等等。

在短视频领域，常用的文案类型如下。

● **互动类文案**：以疑问句、反问句居多，且多是开放式问题，如"你觉得这个怎么样""你还想知道什么吗""我这样做对不对？请给我评论留言"等，采用互动类的文案，可以增加短视频的完播率和评论率。

● **叙述类文案**：这种类型的文案大多会为用户呈现一个富有画面感的场景，如"女子推着婴儿车突然在路上晕倒，热心群众纷纷上前救助，过程中女子的一个举动让人泪目"，这样的表述能够为用户呈现了一个很有画面感的场景，使其仿佛置身其中，很容易产生情感共鸣。

● **悬念类文案**：很多搞笑类的短视频往往会在最后设置反转情节，所以短视频创作者在为这类短视频撰写文案时要留有悬念，从而使用户在短视频中停留更多的时间，如"一定要看到最后，最后的内容很有趣"。

● **"段子"类文案**：短视频创作者可以把网上很火的"段子"放到文案中，从而吸引用户持续地看下去，或者吸引其进行互动，如"万丈高楼莫忘根，人若辉煌莫忘恩"。

● **正能量类文案**：这种类型的文案以励志、同情、真情、善举居多，如"三个月阅读体验，我是如何读完15本书的"。很多用户都希望通过阅读提升自己，阅读习惯不好的用户看到这条短视频以后觉得自己也能做到，就会一直看下去，看短视频中的人物用了什么方法，如果方法适合自己，用户就会持续关注。

4.2 短视频的多渠道引流

"酒香也怕巷子深"，短视频的内容再好，如果不尽最大努力做好引流推广，短视频的曝光率就无法得到保障。只有覆盖更多的渠道和平台，短视频成为爆款的可能性才能变得更高。

↘ 4.2.1　公域渠道引流

公域渠道引流是指从公共平台引流推广，这些平台拥有巨大的开放式流量，用户量大，短视频创作者可以在这里吸引未关注账号的用户，为自己的私域流量池引流。常见的公域渠道引流方式有微博引流、今日头条引流等。

1. 微博引流

微博是基于用户关系的社交媒体平台，用户可以通过文字、图片、视频等多媒体形式实现信息的即时分享、传播互动。截至2022年12月，微博的月活跃用户量已达5.86亿，日活跃用户量达2.52亿，它基于公开平台架构，使用户能够公开实时发表内容，通过裂变式传播，让用户与他人互动并与世界紧密相连。

短视频创作者在创作并发布短视频以后，可以保存短视频，在微博上发布，只要短视频的内容足够有趣、优质，自然会吸引微博用户关注，然后短视频创作者通过微博评论区或微博私信说明其短视频账号的名称，将微博上的流量引导至自己的短视频账号上，从而增加短视频的播放量。

2. 今日头条引流

今日头条是一款基于数据挖掘的推荐引擎产品，为用户推荐信息，提供连接人与信息的服务。短视频创作者可以在今日头条平台发布微头条形式的短内容，与用户互动，从而建立关系，获得粉丝。微头条为短视频创作者提供与粉丝高频互动交流的功能，在人工智能推荐的基础上，也增加了社交分发的机制。因此，短视频创作者可以在微头条发布与短视频相关的内容，吸引对短视频内容所属领域感兴趣的用户前来观看。

↘ 4.2.2　私域渠道引流

私域是指自己直接拥有的，可重复、低成本甚至免费触达用户的场域。私域渠道引流是指从私域流量池中"吸粉"引流。常见的私域渠道引流方式有账号引流、微信引流等。

1. 账号引流

账号引流方式主要有账号简介引流、添加@好友、站内分享、私信引流、粉丝群引流、矩阵引流等。

● **账号简介引流**：账号简介引流是一种简单直接的引流方式。短视频创作者只要在短视频账号简介处写明自己的联系方式，用户点开账号主页后就会看见，如果用户对短视频感兴趣，就会主动添加联系方式，进入私域流量池。

● **添加@好友**：在发布短视频时，短视频创作者可以添加@好友，让平台内其他账号推荐自己的账号，这样使用户既看到了自己创作的短视频，也看到了自己的短视频账号。

● **站内分享**：很多短视频平台的分享功能都支持分享给站内好友，短视频创作者在发布短视频时可以将其分享给该平台上的好友，并让好友帮忙扩散传播。一般来说，短视频创作者要选择人气较高和互动较多的好友来分享。

● **私信引流**：利用短视频的私信功能进行精细化、一对一的引流，这种方法虽然效率比较低，但是精准度很高。短视频创作者首先要找到定位相似的短视频账号，并选出粉丝量较多的账号，找到相关短视频后浏览评论区，在评论区中选出需求比较强烈的用户，给对方发私信。

● **粉丝群引流**：短视频粉丝群会直接显示在短视频账号主页，让粉丝群真正成为短视频账号面向所有粉丝的私域运营工具。短视频粉丝群除了供粉丝聊天互动之外，还可以发布商品，实现作品更新自动分享等功能。

● **矩阵引流**：矩阵是指开通多个短视频账号同时运营，打造一个稳定的粉丝流量池。矩阵式运营可以全方位地展现品牌特点，扩大影响力，还可以形成链式传播来进行内部引流，大幅度增加粉丝数量。

2. 微信引流

微信作为一个社交平台，拥有非常庞大的用户量，短视频创作者可以利用微信为自己的短视频账号引流，主要方式有微信朋友圈引流、微信群引流、微信公众号引流。

● **微信朋友圈引流**：微信朋友圈是人们日常社交的主要阵地，所以微信朋友圈也可以作为短视频分享的主要渠道。短视频创作者可以在微信朋友圈发布短视频作品，短视频中会显示相应的短视频账号，吸引朋友圈中的好友关注，达到"吸粉"引流的目的。

● **微信群引流**：短视频创作者可以在微信群发布自己的短视频作品，群成员点击短视频后就能直接查看内容，从而提高其曝光率。

● **微信公众号引流**：短视频创作者可以创建微信公众号，在微信公众号上定期发布短视频或与短视频相关的优质文章，将微信公众号中的粉丝引流到短视频平台上，提高短视频账号的曝光率。

↘ 4.2.3 付费渠道引流

要想更快捷、更有效地对短视频进行引流推广，短视频创作者可以根据自己的实际情况进行付费渠道引流。付费渠道引流的方式主要有以下几种。

1. 使用"上热门"工具

"上热门"是抖音、快手等平台推出的短视频加热工具。抖音的"上热门"工具为DOU+（见图4-4），快手的"上热门"工具为"快手粉条"（见图4-5）。短视频创作者购买并使用"上热门"工具后可以将短视频推荐给更多对该类内容感兴趣的用户，提升短视频的播放量和互动量。

要想达到预期的效果，短视频创作者要确保短视频的质量，内容原创、合规合法、创意新颖，同时选择合适的投放时间，一般是短视频发布初期，当完播率、点赞量、评论量、转发量等数据在短时间内提高得很快时，短视频创作者就应及时使用"上热门"工具，助推其成为爆款短视频。

短视频创作者在使用"上热门"工具时要遵循"小额多次"的原则，即每次投放较少的金额，进行多次投放，并随时查看短视频的数据表现，根据短视频的数据变化及时调整和优化投放方案，以强化引流效果，降低试错成本。

图4-4　DOU+

图4-5　"快手粉条"

2. KOL推广

KOL（Key Opinion Leader，关键意见领袖）是营销学上的一个概念，指的是拥有更多、更准确的产品信息，且为相关群体所接受或信任，并对该群体的购买行为有较大影响力的人。在做短视频引流推广时，要找的KOL是那些可以发挥其社交媒体影响力方面的独特优势且具有较强的用户黏性和号召力的账号。

KOL自带光环效应，人们通常认为他们的推荐更权威、更专业，所以也就更愿意点赞和转发其发布的短视频。

借助KOL推广短视频的方法如下。

（1）找名人付费推广

名人的粉丝众多，他们的一举一动都会引来粉丝们的围观，所以借助其推广短视频是一个不错的方法。但需要注意的是，所找的名人在气质上要与自己的短视频主题或内容具有相似性。另外，不要与有污点的名人合作。

（2）寻找行业权威人士或达人

如果短视频创作者自身资金实力有限，无法付费找名人推广短视频，也可以寻找行业权威人士或达人来帮忙推广，如企业家、自媒体达人、行业达人、资深记者、大型微信群或QQ群的群主等。他们虽然不像名人那样拥有巨大的流量和众多的粉丝，但其在自身的"圈子"里也很有影响力。

3. 话题挑战赛

话题挑战赛是当前全民互动时代的一种典型的营销模式。话题挑战赛不仅能使短视频获得大量的曝光，还能让用户参与短视频互动，提升用户的活跃度，增强用户黏性。品牌方依托于话题挑战赛的形式，利用话题内容裂变模式，配合短视频平台提供的商业流量和创作资源，以用户喜欢的方式来实现营销目的。

话题挑战赛的发起通常是找第三方，话题涉及投放方案规则、短视频制作、落地页制作、目标群体分析等，把品牌最具优势的亮点在短短一分钟的短视频中展现，同时引导用户进行转化。投放以后，用户在刷短视频时，话题挑战赛短视频会自然穿插在信息流之中。

品牌方还可以利用达人本身具有的流量优势，让达人跟拍话题，一般需要品牌方给出拍摄短视频的模板方案，达人负责配合，在发布短视频时带上指定话题，进行模仿跟拍即可。随着话题热度的提升，发起话题的原视频也会吸引很多用户的关注。

发起话题挑战赛需要支付的费用较高，所以比较适合有实力的品牌方。

4. SEO引流

搜索引擎优化（Search Engine Optimization，SEO）是一种利用搜索引擎规则提高网站在有关搜索引擎内自然排名的技术。短视频平台的SEO是针对短视频搜索的优化技术，是指通过提升目标短视频的视频质量和相关性，使目标短视频符合短视频平台搜索的排名规则，从而提高目标短视频在短视频平台的搜索结果排名的技术优化行为。企业或品牌方可以利用SEO优化来进行引流。

短视频SEO优化的关键在于短视频关键词的选择，短视频创作者要根据内容确定合适的关键词，选择的关键词必须与短视频账号及短视频内容高度相关。短视频创作者还要时时关注社会新闻和网络热点，抢占有利时机预测出关键词，并将其运用到短视频中。

4.3　短视频的用户运营

要想把短视频打造成爆款，除了要做好短视频内容以外，还需要用户的关注和支持。一般来说，观看的用户越多，获得的支持也就越大，被转发分享的概率也就越高。因此，短视频创作者要做好用户运营，与用户建立紧密的联系，并尽可能地吸引更多的用户。

↘ 4.3.1　保持更新频率

短视频创作者要规划好短视频的更新频率，相对稳定的更新频率有助于短视频账号权重的提升。稳定的更新频率可以使短视频在合适的时间出现在用户眼前，让用户养成稳定的观看习惯，这样短视频创作者可以与用户保持稳定的交流频率，加深用户对短视频账号的印象，拉近用户与短视频创作者之间的距离。

短视频创作者在保持更新频率时可以掌握以下方法。

1. 每天在固定时间更新作品

如果时间、精力和创作力允许，短视频创作者一般要保持"日更"，即每天在固定时间更新作品，如每天晚上8点左右发布短视频，这样有利于培养用户在固定时间观看短视频的习惯，增强用户黏性。

由于用户的活跃度在一天之内的不同时间段是有所不同的，存在高峰期和低谷期，因此短视频的发布时间会对短视频的播放量产生很大影响，这就要求短视频创作者选择合适的发布时间，在用户活跃度的高峰期发布短视频。

短视频用户活跃度的高峰期一般为早上7点到9点、中午12点到下午2点、下午5点到晚上7点、晚上9点到11点。

2. 间隔固定时间更新作品

如果短视频创作者无法保证每天更新短视频，可以每隔一天或每隔两三天更新一次，间隔的时间要有规律，让用户产生期待感，不要一周更新了7~8条，第二周1条都没有。

由于更新频率降低，短视频创作者要提升短视频的内容质量，把作品打磨到最优，用内容吸引用户持续关注。

↘ 4.3.2 与用户积极互动

内容是提高用户关注度的基础条件，但并非是增强用户黏性的唯一要素。当短视频账号依靠优秀的内容吸引到用户以后，短视频创作者要与用户进行实时互动，使其感受到自己的诚意，信赖该短视频账号，从而增强用户黏性。

要想增强短视频的互动性，短视频创作者可以采用以下方法来操作。

1. 引导用户参与互动

短视频创作者还要在短视频中对用户进行引导，吸引其更积极地参与互动。引导用户参与互动主要有以下3种方法。

● **穿插引导**：就是在短视频中适当地加入一句互动性的话语，以刺激用户的互动欲望。例如，若要发布一条关于怀旧音乐的短视频，可以在短视频末尾加入这样一句话："90年代华语乐坛的30首经典歌曲，你都能通关吗？"

● **征集创意**：短视频创作者可以在短视频中向用户征集某个主题的创意拍摄方法，这样做可以激发用户的参与感和互动的积极性。

● **设置穿帮镜头**：影视剧的穿帮镜头属于行业内的低级错误，但短视频与之不同，在短视频中适当地设置一些穿帮镜头反而可能会成为亮点，因为穿帮镜头为用户设置了"吐槽点"，从而引发用户热烈讨论。

2. 评论互动

每当短视频获得用户的评论时，短视频创作者要做好互动，及时回复，给用户留下良好的印象，进而推动用户对短视频进行转发支持，以吸引更多的用户。评论互动的方法如下。

● **第一时间回复评论**：短视频创作者要尽可能地在第一时间回复用户的评论，回复得越快，就代表其对用户的重视程度越高，用户对短视频创作者的好感度也就越高。如果短视频的评论数非常多，短视频创作者也不必每一条都回复，毕竟人的精力是有限的，选择一些有想法、有价值的评论进行回复和互动即可。

● **顺应用户期望**：有时用户的评论可能比较尖锐，短视频创作者切不可与之争辩甚至谩骂，而应当顺应他们的期望，让他们看到自己按照其期望不断改进的决心。这样做可以让用户产生更加强烈的期待感，他们会更愿意参与互动。

● **借助评论引发互动**：短视频创作者一旦发现高质量、幽默、有代表性的评论，可以将其作为精选评论置顶，从而引导更大范围的互动。

● **跟进评论**：对一些互动频率和质量比较高的用户，短视频创作者可以将其作为重点培养的用户，更多地关注他们，进行跟进评论，甚至私信沟通。

↘ 4.3.3 发起活动

吸引用户以后，短视频创作者不能让用户只扮演"看客"的角色，而要积极地发起活动，与用户互动，激发用户的参与热情，进而提高他们的活跃度。短视频创作者可以发起两种活动，一种是挑战类活动，另一种是创意征集类活动。

1. 挑战类活动

挑战类活动一般具有竞技性，不仅充满趣味性，还具有强烈的代入感，可以最大限度地满足用户的好奇心，激发其竞争意识。因此，这类活动往往可以吸引用户的关注，提升其参与感。这类活动一般要符合以下两个要求。

● **具有一定的难度**：既然是挑战类活动，就要有一定的难度，这样才能激发用户的挑战欲，而且活动的标准要"上不封顶"，让用户可以自由发挥。

● **要有奖励**：奖励是用户参与挑战的动力之一，设置奖励可以更好地吸引用户踊跃参与。奖励的形式多种多样，可以是物质奖励，也可以是精神奖励。例如，可以为前三名授予某种荣誉称号等。

2. 创意征集类活动

创意征集类活动要求短视频创作者先发布一条有创意的短视频，然后引导用户展示自己的奇思妙想，鼓励他们拍摄并上传相关的短视频，从而增强用户的参与感和成就感，促使其更积极地对短视频进行转发分享。

创意征集类活动要有明确的标准，要为用户提供明确的方向，使其清楚什么样的创意才是合格的，从而挖掘出更好的创意。与挑战类活动一样，创意征集类活动也要设置能够吸引用户的奖励，这样才能吸引更多的用户参与其中。

↘ 4.3.4 增强用户黏性

短视频用户运营是短视频行业中非常重要的一个环节。短视频用户运营的主要目标是提高用户活跃度和留存率，降低用户流失率，即增强用户黏性。前面讲到的保持更新频率、与用户积极互动和发起活动等，都可以起到增强用户黏性的作用。

除此之外，要想实现增强用户黏性的目的，还可以借助以下方法。

1. 保证短视频内容质量

短视频作品是短视频运营的核心，短视频创作者要向用户展示自己的专业度。如果内容质量不行，就不会得到用户的关注、回复和私信，短视频的"涨粉"效果、引流效果和变现效果就会非常差。

在提高短视频内容质量时，短视频创作者可以有意识地在内容中添加一些可以提升用户归属感的元素。所谓归属感，指的是个体与所属群体之间的一种内在联系，是某一个体对特殊群体及其从属关系的划定、认同和维系。在短视频运营中，短视频创作者要强化与用户之间的情感连接，让用户找到"家"的感觉，在情感上产生强烈的归属感。

为用户营造归属感时，可以运用以下两种方法：一是营造情怀，情怀的表现主要有将个人偶像化、怀旧、再现青春的美好等；二是展现人文关怀，如短视频主题与用户生活贴近，帮助用户解决其内心的困惑。

2. 建立社群

短视频创作者可以通过建立社群将用户留存下来，通过后续的各种活动来获取用户的反馈，增加用户的参与度，增强用户黏性。短视频创作者可以建立微信群或者依托特定短视频平台建立粉丝群，在运营这两种社群时，要符合以下三点要求。

（1）社群要建立"三感"

"三感"包括仪式感、参与感和归属感。

● **仪式感**：用户通过申请后就会加入社群，短视频创作者会随之致上欢迎词，如果社群成员很多，还会发几个红包来活跃气氛；用户入群就要接受群规，不发与社群主题无关的内容，不发广告及不良信息；在群里的行为都要接受相应的奖惩，以此来保证社群的规范。

● **参与感**：短视频创作者会定期开展讨论和分享活动，以此保证群内有话说、有事做，群成员有收获。

● **归属感**：短视频创作者通过举办线上线下的活动来保证社群的凝聚力，还可以通过对某事务的分工、协作和执行等来保证社群的战斗力。

（2）社群定位明晰

短视频创作者要明确自己建立社群的初心是什么，社群会给自己和用户带来什么价值，以此来明确社群定位。一般来说，社群定位要与短视频账号的定位相一致。

（3）提高社群的活跃度

短视频创作者要定时分享有价值的资讯，让群成员可以看到自己感兴趣的内容，慢慢养成来群内浏览信息的习惯。

为了增加对群成员的吸引力，短视频创作者可定期举办一些活动，利用奖品来提升群成员的活跃度和参与感，如社群打卡活动，最简单的是打卡得积分，赢得积分可以用来兑换礼物。短视频创作者还可以根据社群的定位和属性推出各类打卡活动，如每日学习打卡、读书打卡、健身打卡等。

短视频创作者可以使用发红包的方式来激励群成员互动，吸引群友，同时增加群成员分享、传播短视频作品的动力。

短视频创作者如果在举办活动之前无法确定选题，就可以使用投票功能向群成员征集建议，根据群成员的投票结果选择活动类型、奖品、短视频内容，以此来提高用户的参与度。

与微信群不同的是，短视频平台的粉丝群会显示在短视频账号的主页，进群有一定的门槛，如关注短视频账号60天以上，成为粉丝团成员，粉丝等级5级以上等。与微信群相比，短视频平台的粉丝群入群门槛设置使社群内的粉丝属性更为精准。

短视频平台的粉丝群可以实现发布商品、新作品自动分享等功能，更便于维护粉丝，盘活用户，提升短视频账号的人气。

4.4　短视频的商业变现

商业变现是短视频运营中极为关键的一个环节。如果投入大量精力和成本运营短视频而无法获得收益，不仅会打击短视频创作者的积极性，还会因为缺少资金的支持，使得短视频运营工作难以为继。因此，找到短视频商业变现的有效途径是重中之重。

↘ 4.4.1　电商变现

短视频创作者将短视频内容提供给用户，为电商提供用户群，而电商以短视频作为内容入口，增加其流量并增强用户黏性。短视频电商变现主要有按成交计费的淘宝客推广模式、自营品牌电商模式等。

1. 按成交计费的淘宝客推广模式

淘宝客是一种按成交计费的推广模式，也指通过推广商品赚取佣金的一类人。以抖音平台为例，抖音淘客赚取佣金的方式就是在发布的短视频中插入商品链接（前提是已经具备电商带货权限），如果用户喜欢短视频的内容并对商品产生兴趣，就有可能购买商品，抖音淘客也就能分得佣金，如图4-6所示。

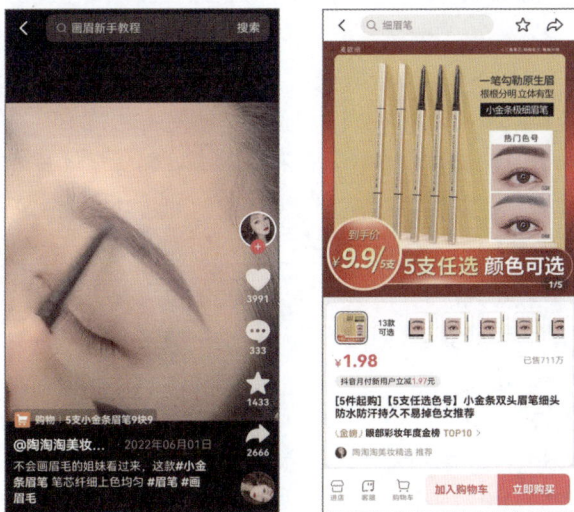

图4-6　淘宝客推广模式

2. 自营品牌电商模式

自营品牌电商模式分为两种，一种是通过短视频打造个人IP，建立个人电商品牌；另一种是通过短视频为自建电商平台导流。

● **个人电商品牌**：个人电商品牌以PUGC为主，这些专业的知名人士通过自身的影响力为自有网店导流。在上传短视频后，短视频创作者可以选择添加商品链接，这样在播放短视频时，商品链接会自动出现在短视频画面下方。当用户对短视频中的某款商品感兴趣时，就可以直接点击推荐的商品链接跳转到网店页面，而短视频的播放也不会被中断，如图4-7所示。

图4-7　个人电商品牌的商品链接

● **自建电商平台**：如今很多品牌建立了自营店，将品牌自营作为商业策略中的重要一环，品牌自营也成为很多大品牌的既定商业动作。随着电商平台的飞速发展，很多品牌开始自建电商平台。自建电商平台模式是指品牌通过优质短视频的内容流量为自建电商平台导流，吸引用户下单并进行变现，其内容生产模式一般为PGC。

↘ 4.4.2　用户付费

如果短视频的内容足够优质，可以抓住用户的痛点，就可以激发用户付费观看的欲望，最终将人气转化为实际的经济利益。用户付费主要分为用户赞赏、付费观看和会员制增值服务付费三种模式。

1. 用户赞赏模式

用户赞赏是短视频变现的一条重要途径，就和购物需要理由一样，用户赞赏也需要足够的理由。一条值得赞赏的短视频一定是有价值的，且是对用户有用的，可以在一定程度上帮助用户解决生活或工作中遇到的实际问题。一般来说，垂直细分类短视频、生活技巧类短视频、励志类短视频更容易获得用户赞赏。

2. 付费观看模式

短视频内容付费在本质上是让用户花钱购买特定的短视频内容，要想达到这样的目的，短视频内容要有价值且具有排他性。

短视频内容付费主要涉及以下两个方面的知识内容。

● **销售专业知识**：对用户来说，越专业的知识越有价值，也就越值得付费观看。但是，用户只会为与自己生活和工作密切相关的专业知识付费。专业知识越稀缺，对用户的吸引力就越大。

● **销售垂直细分领域知识**：短视频创作者可以聚焦某一领域，在该领域做精、做专，从而吸引对该领域感兴趣的用户。短视频创作者销售垂直细分领域知识，可以吸引相对小众的用户群体付费观看，所以短视频知识越垂直细分，就越能吸引某一用户群体付费购买。

3. 会员制增值服务付费模式

会员制增值服务付费模式早已在长视频领域得到广泛应用，用户在腾讯视频、优酷视频或爱奇艺等平台观看视频时，经常可以看到带有"VIP"字样的剧集，这代表着只有付费成为平台会员才能完整地观看，或者抢先一步了解更多剧集的内容。

现在很多短视频平台也开始借鉴长视频平台的会员制增值服务付费模式。会员可以享受到以下权利：很多原创短视频内容只有会员才能观看；会员享有保存和下载短视频内容进行离线观看的权利；会员在观看短视频时可以跳过广告，提升短视频的观看体验。

目前，很多短视频平台的付费观看模式与会员制增值服务付费模式相互融合，用户既可以在购买会员之后免费观看大量原创的优质短视频，也可以选择性地针对某一个短视频进行付费观看。

↘ 4.4.3　广告变现

对大部分短视频创作者而言，广告是最常用的变现模式之一。拥有高人气的短视频账号可以凭借优质的内容吸引大量精准用户，通过多样化的表现方式为用户传递品牌信息，因此颇受广告主的青睐。

短视频广告变现的模式主要有植入广告、贴片广告、冠名广告和品牌广告。

1. 植入广告

植入广告是指将广告信息和内容完美结合，使广告自然地融入内容中，最终达到向用户传递广告信息的目的。短视频创作者可以利用人脑在短暂记忆中的视觉停留性，在短视频的显眼处或者短视频播放的高潮部分适当地插入品牌广告内容，让用户对品牌有一定的认知。

植入广告的方式包括道具植入、台词植入、剧情植入、奖品植入、"种草"植入等。

● **道具植入**：指将品牌信息做成短视频中的道具，直接、自然地展现在用户眼前。

● **台词植入**：指通过短视频中人物的台词把产品的名称、特征等信息直白地传递给用户。

● **剧情植入**：把品牌信息融入短视频的剧情中，通过故事的逻辑线条和情节发展使品牌信息非常自然地出现在用户眼前。

● **奖品植入**：指通过在短视频中发放一些奖品来引导用户关注、转发和评论的一种广告植入方式。

● **"种草"植入**：这种广告植入方式常见于美妆KOL的短视频中。当用户通过短视频学习美妆知识时，就会不自觉地加深对化妆品商品信息的记忆，如果KOL再对商品的使用方法进行讲解，就可以达到事半功倍的效果，极大地刺激用户的购买欲望。

2. 贴片广告

贴片广告是指在短视频播放之前、结束之后或者插片播放的广告，它是电视广告的延伸。贴片广告是短视频广告中最明显的广告形式之一，属于硬广告。

贴片广告主要具有触达率高、信息传递高效且丰富、形式生动立体、互动性强、播放率较高、抗干扰性强等优势。不过，由于贴片广告会在短视频播放之前自动播放，而且用户必须等待5～10秒，往往会引起用户的反感。

短视频的贴片广告主要分为以下两种形式。

● **平台贴片**：大多是前置贴片，是出现在短视频播放之前的广告，以不可跳过的独立广告形式出现。

● **内容贴片**：大多是后置贴片，是在短视频播放结束后追加的广告。

3. 冠名广告

冠名广告是指在节目前或节目后加上赞助商或广告主名称进行品牌宣传、扩大品牌影响力的广告形式。

冠名广告主要有三种形式。

● **片头标板**："本节目由……冠名播出"。

● **主持人口播**：节目开始时主持人说"欢迎大家来到由……冠名播出的……"。

● **片尾字幕鸣谢**：出现企业名称或Logo，"特别鸣谢……"。

4. 品牌广告

品牌广告是指以品牌为中心，为品牌和企业量身定做的专属广告。这种广告形式从品牌自身出发，为了表达企业的品牌文化和理念，致力于打造更自然、生动的广告内容。这种广告变现更高效，针对性更强，受众的指向性也更明确，但制作费用较高。

↘ 4.4.4　平台扶持

短视频行业自2016年发展至今，其红利仍然存在，短视频平台与短视频创作者之间保持着共生共荣和互相依赖的关系。目前，在整个内容生态中，娱乐类内容同质化严重，垂直领域的头部内容十分稀缺，内容形式和拍摄手法也较为单一，因此各大短视频平台均通过各种鼓励措施激发短视频创作者的创作积极性，完善自身平台的内容生态。

例如，2022年抖音提出了"2022新农人计划"，以农业、农村、农民为抓手，针对三农领域进行大力扶持。具体来说，抖音将拿出亿级流量、百万DOU+等合计12亿流量资源，通过"入驻礼包""农人积分榜""新农人推荐官"等多种活动，给予短视频创作者流量包和DOU+奖励，帮助其解决冷启动和曝光不足等问题，让美好乡村被更多人看到。

在变现上，抖音将对加入计划的短视频创作者提供星图、抖音小店等商业化变现工具的使用指导，助力短视频创作者快速变现。

另外，抖音为激励优质短视频创作者创作，推出"创作者广告分成计划"，在短视频创作者的账号主页开放广告位，用户在刷短视频时就有机会看到平台根据用户喜好推荐的广告内容，如图4-8所示。短视频创作者开通该计划后，其只需关注内容创作，抖音平台将一站式托管，自动匹配海量优质广告，当用户连续浏览主页作品后，短视频创作者将与抖音平台共享广告收益，且现金收益每日到账。

图4-8　开通"创作者广告分成计划"后呈现的广告

课后实训：美食短视频账号的营销与变现

1. 实训目标

掌握短视频的营销策略和变现模式。

2. 实训内容

5人一组，以小组为单位，优化短视频的封面、标题、标签和文案，为短视频引流推广，维护用户，最后实现短视频变现。

3. 实训步骤

（1）做好短视频营销的前期准备

设计一个有吸引力的短视频封面，一般以色泽鲜美的美食为封面，既突出短视频主题，又能吸引用户注意。合理设计短视频标题，精确地设置短视频标签，撰写互动类短视频文案。

（2）发布短视频，进行引流推广

小组分别使用公域引流推广、私域引流推广和付费引流推广3种方式，最后对比分析哪种引流推广方式更有效。

（3）开展用户运营

小组要保持内容的更新频率，与用户积极互动，在策划方案的指导下发起活动，激发用户的参与感，同时创建社群，增强用户黏性。

（4）实现商业变现

对比电商变现、用户付费、广告变现、平台扶持等变现模式的特点和不同，小组选择适合自己的变现模式进行变现。

（5）实训评价

进行小组自评和互评，撰写个人心得和总结，最后由教师进行评价和指导。

课后思考

1. 简述如何为短视频设置高流量的标题。
2. 简述为短视频打标签的要求。
3. 简述常见的短视频账号引流推广的方式。
4. 简述短视频商业变现模式的类型。

第 5 章　短视频运营实战：
抖音短视频运营

知识目标

- 掌握设置抖音账号信息的方法。
- 掌握拍摄与剪辑抖音短视频的方法。
- 掌握孵化抖音短视频IP的方法。
- 掌握抖音短视频数据分析与优化的方法。

能力目标

- 能够设置具有高辨识度的抖音账号。
- 能够拍摄抖音短视频并进行后期剪辑。
- 能够孵化抖音短视频IP并扩大IP影响力。
- 能够通过数据分析对抖音短视频进行复盘。

素养目标

- 在短视频运营中要勤于实践，将实践作为个人成长的最优课堂。
- 培养数据思维，运用数据来发现问题、解决问题。

　　抖音是备受用户喜爱的短视频创作分享平台，自然也是短视频创作者激烈竞争的重要赛道。短视频创作者要想成功运营抖音短视频账号，首先要设置账号信息，学会拍摄与剪辑抖音短视频，更重要的是孵化IP，进行数据分析，提升变现能力，这是长久经营的关键。

5.1　设置抖音账号信息

抖音短视频运营的核心是内容，但账号的设置也是一个不可忽视的要素。抖音账号的设置包括账号名称、账号头像、账号简介、主页背景图等，它们会在很大程度上影响账号的形象和短视频的播放量。

↘ 5.1.1　设置账号名称

一个具有高辨识性的账号名称可以为用户提示短视频内容所具有的价值，降低推广成本。短视频团队在设置账号名称时可以进行头脑风暴，并从中择优筛选。设置抖音账号名称时，可以采用以下思路。

1. 简洁

抖音的账号名称要力求简洁，避免出现生僻的字词和发音，文字的拼写尽量不要过于复杂，这样有利于用户记忆，进而为以后的品牌植入和推广铺平道路。

2. 以谐音命名

目前抖音账号的数量十分庞大，竞争也特别激烈，短视频团队要想在海量的短视频账号中脱颖而出，给用户留下深刻的印象，就要为自己的账号设置一个创意十足、能够引发用户联想的名称，而以谐音命名是较常见的创意命名方式。

3. 以数字命名

以数字命名不仅可以吸引用户的注意，还可以强调数字所传递的概念。例如，某知名创意搞笑类抖音账号中含有"六点半"这一表示时间的汉字数字，意思是该账号固定于每天下午6:30更新作品，这让喜欢其作品的用户会在固定的时间等候观看，形成了强大的用户黏性。

4. 引入关键词

在账号名称中引入关键词，有助于抖音算法将账号内容推送给关键词对应的目标用户群体。在账号名称中引入的关键词可以是地域，也可以是领域。

↘ 5.1.2　设置账号头像

头像是用户辨识账号的主要标准，往往决定着用户对账号的第一印象。头像是一种视觉语言，选择一个吸睛的头像对于抖音账号运营来说至关重要。在设置头像时，要符合两个原则，一是符合账号的定位，二是图像要清晰、美观。

设置头像的方法主要有以下几种。

1. 使用真人头像

真人头像能够让用户直观地看到人物的形象，拉近其与用户的心理距离，还有助于个人IP的打造。

2. 用图文Logo做头像

用图文Logo做头像能够让用户十分清楚地了解短视频的内容方向，深化其对品牌的认知，如图5-1所示。

3. 使用动画角色做头像

使用短视频中的动画角色做头像，能够强化角色形象，打造动画人物IP，如图5-2所示。

图5-1　图文Logo头像

图5-2　动画角色头像

4. 使用账号名称做头像

使用账号名称做头像时，要把头像的背景设置为纯色，与账号名称的文字颜色对比鲜明，突出文字，强化账号的IP，如图5-3所示。

5. 使用卡通形象

使用卡通形象做头像与使用动画角色做头像很类似，区别在于卡通形象能够凸显短视频内容的风格，如搞怪、俏皮等。这种卡通形象一般是特别制作的，而不是取自于短视频内容中的角色，如图5-4所示。

图5-3　账号名称头像

图5-4　卡通形象头像

5.1.3　设置账号简介

账号简介是用户决定是否关注该账号的关键因素之一，也可以被当成文案。下面简单介绍一些账号简介的设置方法。

1. 介绍自己

设置账号简介的目的是以言简意赅的语言介绍自己，让用户清楚地了解自己。因此，一般先介绍账号的内容创作领域，如"用心认真唱歌，承蒙各位厚爱""多年Office实战经验，每天分享Office应用小技巧"等；也可以先介绍账号主体的身份，如"知识百科类短视频自媒体""一个集美貌与才华于一身的女子"等，这是企业、商家或自媒体人经常使用的方法。有时，为了吸引更多的用户关注，短视频创作者也会在账号简介中加上引导关注的话语，如"喜欢记得点赞关注"。

2. 表明感悟、观点和态度

设置账号简介时，可以表明自身的感悟、观点和态度，从而充分展示自己的个性，让用户更加了解自己。例如，"老牛的Vlog"的账号简介是"生活很苦，但手里有糖"；又如，"大伟测评"的账号简介中提到"爱美无关年龄大小"，向用户诠释了一个观点："不管年龄几何，人们都有一颗爱美的心。"

3. 留下联系方式

如果短视频创作者想将用户引流到自己的私域流量池，或者开通商业合作的渠道，就可以在账号简介中留下自己的联系方式，如微信账号、微博账号、手机号等。不过，在留下微信账号、微博账号等联系方式时，最好不要出现"微博""微信"等词语，而是用字母或相关图案代替。

↘ 5.1.4　设置主页背景图

主页背景图可以说是抖音账号的"门面"，它是除了头像以外最能直接展示账号风采的部分，因此设置具有特色的主页背景图有利于账号积累用户，提升转化率。

抖音账号的主页背景图为固定尺寸——1125像素×633像素，上半部分的尺寸为1125像素×395像素，是用户点击首页时能直接看到的部分。这一部分的中间部分是主页背景图的重点区域，尺寸为633像素×633像素，需要放置最吸引人的内容，而且在用户下拉主页时会自动放大图片的中间细节。由于主页背景图的下半部分会被抖音自动压缩，文字或引导性的内容最好也放在图片的上半部分，让用户第一眼就能看到。图5-5所示为主页背景图的重点内容位置图示。

在设置主页背景图时，短视频创作者要把主体内容放在核心位置上，这样才能抓住用户的注意力。一般来说，主页背景图主要有以下几种样式。

1. IP出镜

这种样式适用于打造个人形象IP，加深IP在用户心中的印象，很多真人出镜的短视频都是采用这种样式的主页背景图，而有些IP形象会以卡通形式出现，如图5-6所示。如果IP是以团队形象出镜的，那么最好放团队的合影，这样可以加强团队在用户心中的认知度。

图5-5　主页背景图的重点内容位置图示

图5-6　IP出镜

2. 二次介绍

主页背景图是用户点进抖音账号主页最容易关注到的部分，所以可以利用它进行账号的二次介绍，重点强调账号的亮点，也可以将账号的重要信息与引导关注相结合，以加深用户的记忆，如图5-7所示。

3. 引导关注

短视频创作者可以充分利用主页背景图来引导用户关注账号，如放置有意义的头像或利用充满个性和温情的文案给用户关注账号的心理暗示；或者根据自己的账号内容属性为用户指出关注之后可以获得的利益。

如果实在想不出更好的创意文案，可以用一些通用性的话语，让文字与图片背景形成鲜明对比，如"戳这里，你敢不敢关注我一下""点这里都是我的人""就差你一个关注了"等。这类引导话语最后要加一个明显的关注箭头，因为关注箭头也可以起到引导用户关注账号的作用，如图5-8所示。

图5-7　账号的重要信息与引导关注相结合　　　　图5-8　引导关注

短视频创作者还可以在主页背景图中添加引流文案，引导用户关注关联账号，为其他平台导流。尽管用户操作起来会比较麻烦，但吸引到的用户忠诚度也会更高一些。

4. 创意组合

设置主页背景图也可以"不走寻常路"，将背景图的上半部分与下半部分组合成一个有趣的互动，让用户在观看主页背景图时能感受到账号的独特创意。这种样式的主页背景图很适合以趣味性取胜的账号。

5.2　制作抖音短视频

制作一个优质的抖音短视频，应始于创意，精于拍摄，终于剪辑。短视频拍摄与后期剪辑属于技术层面上的能力，我们是可以通过学习和练习来提高的。下面将介绍如何使用手机进行抖音短视频的拍摄与后期剪辑。

↘ 5.2.1　抖音短视频的拍摄

想要用手机拍摄出媲美单反相机拍摄质量的短视频，不仅取决于手机相机的性能，还需要正确地设置拍摄参数。

1. 设置视频分辨率和帧率

视频分辨率和帧率的设置是拍摄短视频前的基础设置。手机相机中常见的分辨率有720P、1080P和4K。一般情况下，选择1080P分辨率进行拍摄较为合适。如果后期需要对画面进行裁切，且拍摄时长较短，则可以选择4K分辨率。

帧率是指每秒中有多少帧画面，单位是fps（Frames Per Second，每秒传输帧数）。帧率越高，画面就越流畅。手机相机中常用的帧率有30fps和60fps。其中，

60fps适用于对视频流畅度有较高要求或者后期需要慢速播放的短视频，它所占用的存储空间较大。

设置视频分辨率和帧率的具体操作方法如下。

步骤 01 打开手机相机，在下方点击"录像"按钮，进入视频拍摄界面。在界面右上方点击"设置"按钮⚙，如图5-9所示。

步骤 02 进入"设置"界面，在"视频"分组中点击"视频分辨率"选项，在弹出的界面中选择所需的视频分辨率，如图5-10所示。

步骤 03 点击"视频帧率"选项，在弹出的界面中选择所需的视频帧率，如图5-11所示。为了便于画面构图，还可以启用"参考线"功能。

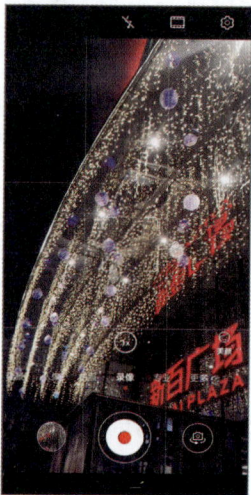

视频

设置视频分辨率和帧率

| 图5-9 点击"设置"按钮 | 图5-10 选择视频分辨率 | 图5-11 选择视频帧率 |

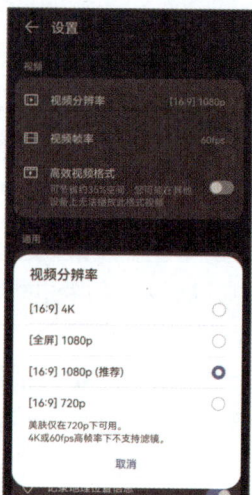

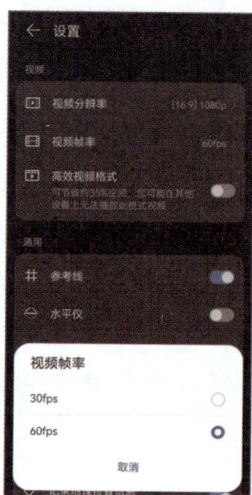

2. 画面对焦与曝光

要想拍摄出清晰的视频画面，需要保证画面正确的的对焦和曝光。手机相机默认的对焦方式为自动对焦，取景时会自动判断被摄主体，并使被摄主体变得清晰。但是，在拍摄动态画面时会因为焦点的变化而导致画面变得模糊，这时就需要手动设置自动对焦位置和画面曝光，并根据需要锁定对焦和曝光，具体操作方法如下。

视频

画面对焦与曝光

步骤 01 当画面焦点不是想要突出的被摄主体时，视频拍摄师只需在被摄主体位置上点击，屏幕上会出现一个对焦框，如图5-12所示，作用是对其所框住的景物进行自动对焦和曝光。

步骤 02 拖动对焦框旁的⚙图标调整曝光补偿，以改变画面亮度，如图5-13所示。向上拖动可以提高亮度，向下拖动可以降低亮度。

步骤 03 在屏幕上点击并长按对焦框，画面上会显示"曝光和对焦已锁定"，如图5-14所示。这样在光线稳定的前提下，无论画面如何移动，被摄主体会始终保持清晰且画面亮度统一。锁定曝光和对焦后，可以根据需要手动调整曝光补偿，以改变画面亮度。

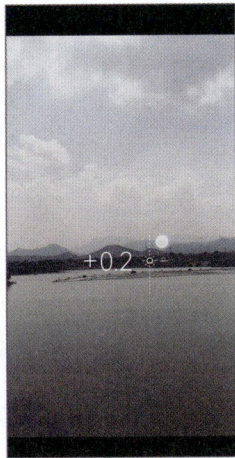

图5-12　画面对焦　　　　图5-13　调整曝光补偿　　　　图5-14　锁定曝光和对焦

3. 手动对焦

手动对焦常用于自动对焦不佳的情况下，如光线差、对焦位置反差小、被摄主体前有障碍物遮挡，或者进行微距拍摄时自动对焦不准确等情形。通过手动对焦可以更加灵活地调整画面焦点的位置，实现画面焦点的转移或者使画面进行虚实变换。

手动对焦的具体操作方法如下。

步骤 01　在手机相机界面下方点击"专业"按钮，进入专业模式，可以看到手机相机无法很好地识别被摄主体，点击右下方的"录像"按钮⬜，切换为拍视频模式，如图5-15所示。

步骤 02　在界面下方的功能菜单中点击"AF"按钮，选择"MF"对焦模式（即手动对焦），拖动滑块调整画面焦点位置，使画面变得更为清晰，如图5-16所示。

步骤 03　向左拖动滑块，将画面焦点远离被摄主体，此时画面变得越来越虚化，如图5-17所示。通过改变焦点位置可以拍摄画面虚实变换的视频。

图5-15　点击"录像"按钮　　　　图5-16　调整焦点位置　　　　图5-17　画面越来越虚化

77

4. 拍摄延时视频与慢动作视频

延时视频常用于拍摄云海、日转夜、人群流动、建筑制造、生物演变等场景中事物的变化过程。在使用手机拍摄延时视频时，需要保证拍摄画面的稳定，还应保证手机电量和存储空间充足。

慢动作视频也称升格视频，在拍摄时一般选择120fps、240fps的高帧率进行拍摄，这样以30fps的帧率播放视频时，即可实现流畅的画面慢动作效果。

在短视频作品中加入延时镜头和慢动作镜头，不仅可以丰富视频画面，还能提升视频的观赏性。

拍摄延时视频与慢动作视频的具体操作方法如下。

视频
拍摄延时视频与慢动作视频

步骤 01 在手机相机界面下方点击"更多"按钮，在打开的界面中点击"延时摄影"按钮，如图 5-18 所示。

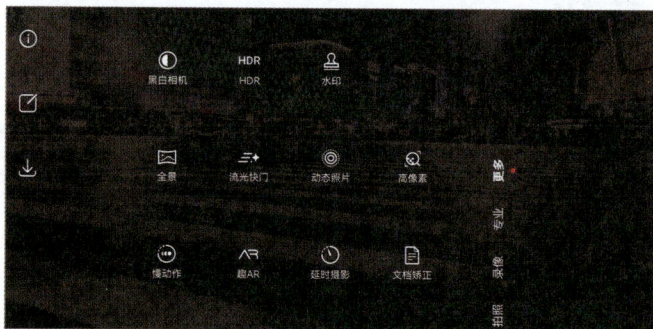

图5-18　点击"延时摄影"按钮

步骤 02 在延时拍摄界面中点击画面并长按对焦框，锁定对焦和曝光，如图 5-19 所示。

步骤 03 向下拖动图标降低曝光补偿，如图 5-20 所示。点击"录制"按钮，开始拍摄延时视频。

图5-19　锁定对焦和曝光

图5-20　调整曝光补偿

步骤 04 在相机"更多"界面中点击"慢动作"按钮，进入慢动作拍摄模式，如图 5-21 所示。在慢动作拍摄模式下默认启用运动侦测功能，可以根据需要关闭运动侦测功能。

步骤 05 点击"帧率"按钮，拖动滑块选择所需的慢放倍数，在此选择 8x（即 240帧 / 秒），如图 5-22 所示。设置完成后，点击按钮进行拍摄即可。

图5-21　慢动作拍摄模式

图5-22　选择帧率

5. 使用抖音App拍摄短视频

抖音App也具有拍摄功能，用户可以根据需要直接使用抖音App来拍摄短视频。在拍摄前可以根据需要进行一些常规设置，具体操作方法如下。

步 骤 01 打开抖音 App，点击下方的■按钮，如图 5-23 所示。

步 骤 02 进入抖音拍摄界面，在屏幕画面上点击即可自动对焦和曝光，拖动对焦框旁的■图标可以调整画面亮度，如图 5-24 所示。

步 骤 03 点击右侧的"设置"按钮■，在弹出的界面中启用"网格"功能显示网格线，以便于画面构图，如图 5-25 所示。

视频

使用抖音 App
拍摄短视频

图5-23　点击■按钮

图5-24　设置对焦和曝光

图5-25　显示网格线

用户可以点击拍摄界面中的其他功能按钮进行更多拍摄设置，各按钮的功能具体如下。

● **拍摄时长**：用于在拍摄前选择拍摄时长，有15秒、60秒、3分钟三种。

● **选择音乐**♫：用于在拍摄过程中添加背景音乐，以便根据背景音乐拍摄短视频。

● **倒计时**⏱："倒计时"功能便于用户远距离自拍或进行音乐踩点拍摄。点击"倒计时"按钮⏱，在弹出的界面中选择暂停位置，当拍摄时长达到设置的时长后会自动暂停拍摄；再次点击"倒计时"按钮⏱，可以设置第二段短视频的暂停位置。

● **美颜**▣：用于对人物进行美化设置，包括"磨皮""瘦脸""大眼""清晰""美白"等多种调整。

● **滤镜**▣：通过改变画面的颜色、亮度、饱和度、对比度、色调等属性，调整画面的特殊效果，以营造氛围感。用手指在画面中左右滑动即可切换滤镜。

● **快/慢速** ⏱：使用"快/慢速"功能拍摄抖音短视频，可以帮助短视频创作者把握短视频拍摄的节奏，调整音乐与画面之间的匹配度，以便根据音乐节奏进行创意拍摄。

● **特效** ⏲：使用特效道具可以美化短视频，产生生动有趣、颇具创意的视频效果，每种道具都有其特殊的用法。

↘ 5.2.2 抖音短视频的后期剪辑

剪映App是由抖音官方推出的一款强大的视频剪辑工具，它操作简单且功能强大，非常适合短视频创作新手。下面使用剪映对拍摄的美食短视频素材进行后期剪辑。

1. 剪辑视频素材

下面将介绍如何在剪映App中对视频素材进行剪辑，包括添加视频素材、修剪视频素材、调整播放速度、替换视频素材、调整画面构图等，具体操作方法如下。

步骤 01 打开剪映 App，在下方点击"剪辑"按钮✂，然后点击"开始创作"按钮➕，如图 5-26 所示。

步骤 02 打开"添加素材"界面，依次点击视频素材右上方的选择按钮⊙选中要添加的视频素材，在下方长按并左右拖动视频缩览图调整视频素材的先后顺序，如图 5-27 所示。

步骤 03 在"添加素材"界面中点击视频缩览图，预览视频并根据需要对视频素材进行裁剪，然后点击"添加"按钮，如图 5-28 所示。

图5-26 点击"开始创作"按钮　图5-27 选择视频素材并调整顺序　图5-28 点击"添加"按钮

步骤 04 此时即可将视频素材添加到主轨道上，继续添加视频素材，将时间指针定位到要添加视频素材的位置，点击主轨道右侧的"添加素材"按钮➕，如图 5-29 所示。

步骤 05 打开"添加素材"界面，依次选中多段视频素材，点击"添加"按钮，如图 5-30 所示。

步骤 06 将时间指针定位到轨道最左侧，点击"关闭原声"按钮🔊，关闭主轨道所有视频素材的声音。在一级工具栏中点击"音频"按钮🎵，然后点击"音乐"按钮🎵，如

图 5-31 所示。

图5-29 点击"添加素材"按钮　图5-30 点击"添加"按钮　图5-31 点击"音乐"按钮

步骤 07 进入"添加音乐"界面，从中可以通过多种方法添加音乐，如手动搜索音乐，选择音乐类型，使用推荐音乐、收藏音乐或导入音乐，在此点击"美食"类型，如图 5-32 所示。

步骤 08 在打开的音乐列表中点击音乐名称进行试听，点击喜欢的音乐名称右侧的"收藏"按钮★收藏音乐，找到要使用的音乐后点击其右侧的"使用"按钮，如图 5-33 所示。

步骤 09 根据音乐节奏点修剪视频素材，将时间指针定位到音乐节奏点位置，然后选中视频素材，拖动视频素材右端的修剪滑杆到时间指针位置，当修剪滑杆靠近时间指针边缘时会自动吸附，即可完成修剪操作，如图 5-34 所示。

图5-32 点击"美食"类型　图5-33 点击"使用"按钮　图5-34 修剪视频素材

步骤 10 拖动时间线，将时间指针定位到要分割视频素材的位置，然后点击视频素材将其选中，点击"分割"按钮❚❚，如图 5-35 所示。分割视频素材后，选中右侧的视频素材，点击"删除"按钮❒将其删除。

步骤 11 选中视频素材，点击"变速"按钮⏱，然后点击"常规变速"按钮⬈，如图 5-36 所示。

步骤 12 弹出速度调整工具，向右拖动滑块调整速度为 1.5x，点击"播放"按钮▷预览调速效果，然后点击✓按钮，如图 5-37 所示。采用同样的方法，继续修剪其他视频素材，并根据需要进行常规变速。

图5-35　点击"分割"按钮　　图5-36　点击"常规变速"按钮　　图5-37　调整速度

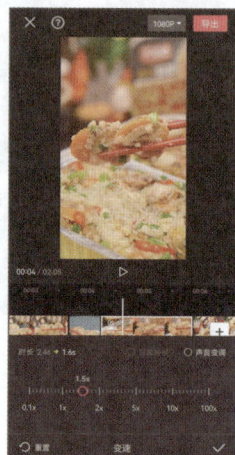

步骤 13 当视频素材修剪完成后，若要更改视频内容，无须重新添加或修剪视频素材，可以选中视频素材后点击"替换"按钮🔁，如图 5-38 所示。

步骤 14 打开"替换素材"界面，选择要替换的视频素材，如图 5-39 所示。

步骤 15 打开视频预览界面，拖动时间线选择视频片段，然后点击"确认"按钮即可，如图 5-40 所示。

图5-38　点击"替换"按钮　　图5-39　选择替换素材　　图5-40　选择视频片段

步骤 16 在短视频的结尾对背景音乐进行修剪，使其对齐短视频结尾，如图 5-41 所示。

步骤 17 拖动时间线，将时间指针定位到要调整画面构图的位置，如图 5-42 所示。

步骤 **18** 选中视频素材，在预览区域使用两根手指向外拉伸放大画面，然后调整画面的位置，放大人物吃饭画面，裁掉下方的厨具画面，如图5-43所示。

图5-41　修剪音频　　　　图5-42　定位时间指针　　　　图5-43　调整画面构图

2. 添加视频效果

下面将介绍如何在剪映App中为视频画面添加效果，如添加动画效果、添加转场效果、添加画面特效、进行视频调色等，具体操作方法如下。

视频

添加视频效果

步骤 **01** 在轨道上选中第1个视频素材，点击"动画"按钮，如图5-44所示。

步骤 **02** 在弹出的界面中点击"入场动画"按钮，选择"缩小"动画，拖动滑块调整时长为0.5s，然后点击 ✓ 按钮，如图5-45所示。

步骤 **03** 在一级工具栏中点击"背景"按钮，然后点击"画布模糊"按钮，如图5-46所示。

图5-44　点击"动画"按钮　　　图5-45　设置入场动画　　　图5-46　点击"画布模糊"按钮

步骤 **04** 在弹出的界面中选择画布模糊程度，点击 ✓ 按钮，如图5-47所示。

步骤 **05** 点击视频素材之间的"转场"按钮，在弹出的界面中点击"叠化"分类，选择"闪白"转场，拖动滑块调整转场时长为0.5s，然后点击 ✓ 按钮，如图5-48所示。

步骤 06 添加转场效果后，转场按钮会变为 ⋈ 样式。采用同样的方法，为其他视频素材添加所需的转场效果，如图5-49所示。

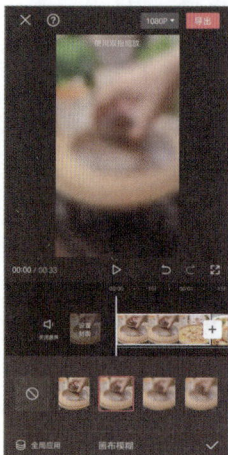

图5-47　选择模糊程度　　　图5-48　设置转场效果　　图5-49　为其他视频素材添加转场效果

步骤 07 将时间指针定位到第13个视频素材的开始位置，在预览区域稍微放大视频画面，然后稍微向上移动画面。在时间线上方点击"添加关键帧"按钮 ◆，添加第1个关键帧，如图5-50所示。

步骤 08 将时间指针定位到视频素材的右端，然后在预览区域将画面再次稍微放大并向下拖动，此时将自动生成第2个关键帧，在两个关键帧之间形成画面从上向下、从小到大的动画效果，如图5-51所示。

步骤 09 选中要调色的视频素材，点击"滤镜"按钮 ▩，如图5-52所示。

图5-50　添加关键帧　　　图5-51　放大并移动画面　　　图5-52　点击"滤镜"按钮

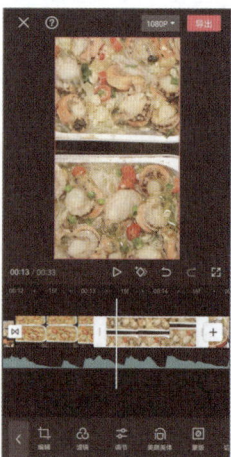

步骤 10 在弹出的界面中点击"美食"分类，选择"暖食"滤镜，拖动滑块调整滤镜强度，然后点击 ✓ 按钮，如图5-53所示。

步骤 11 点击"调节"按钮，然后点击"色温"按钮 ▧，拖动滑块调整色温为15，为画面增加暖色调，如图5-54所示。

步骤 12 点击"锐化"按钮△，拖动滑块调整锐化为50，提高画面清晰度，然后点击☑按钮，如图5-55所示。

图5-53　选择滤镜	图5-54　调整色温	图5-55　调整锐化

步骤 13 将时间指针定位到要添加画面特效的位置，点击"特效"按钮，然后点击"画面特效"按钮，如图5-56所示。

步骤 14 在弹出的界面中选择"氛围"分类下的"光斑飘落"特效，点击"调整参数"按钮，在弹出的界面中调整"速度""不透明度"参数，然后点击☑按钮，如图5-57所示。

步骤 15 根据需要调整"光斑飘落"特效的位置和长度，如图5-58所示。

图5-56　点击"画面特效"按钮	图5-57　选择并调整特效	图5-58　调整特效的位置和长度

3. 编辑音频

下面在短视频中添加配音、音效及背景音乐，具体操作方法如下。

步骤 01 将时间指针定位到要添加配音的位置，在一级工具栏中点击"文字"按钮Ｔ，然后点击"新建文本"按钮▲+，如图5-59所示。

步骤 02 在弹出的界面中输入所需的配音文本，然后选中该文本素材，点击"文本朗读"按钮Ag，如图5-60所示。

步骤 03 在弹出的界面中选择所需的音色，在此选择"女声音色"分类下的"亲切女声"音色，点击✓按钮，如图5-61所示，即可自动生成配音音频。

视频

编辑音频

图5-59 点击"新建文本"按钮

图5-60 点击"文本朗读"按钮

图5-61 选择音色

步骤 04 删除文本素材，然后在一级工具栏中点击"音频"按钮♪，进入音频轨道，选中配音音频，点击"变声"按钮⊕，如图5-62所示。

步骤 05 弹出"变声"界面，选择"女生"声调，然后调整"音调"为10，"音色"为0，点击✓按钮，如图5-63所示。

步骤 06 点击"音量"按钮▣，在弹出的界面中拖动滑块调整音量为150，提高配音音量，点击✓按钮，如图5-64所示。采用同样的方法，添加并编辑其他配音音频。

图5-62 点击"变声"按钮

图5-63 设置音频变声

图5-64 调整音量

步骤 07 选中背景音乐，点击"音量"按钮🔊，如图5-65所示。

步骤 08 在弹出的界面中拖动滑块调整音量为75，降低背景音乐的音量，然后点击✅按钮，如图5-66所示。

步骤 09 点击"淡化"按钮▥，在弹出的界面中拖动滑块调整"淡出时长"为2s，然后点击✅按钮，如图5-67所示。

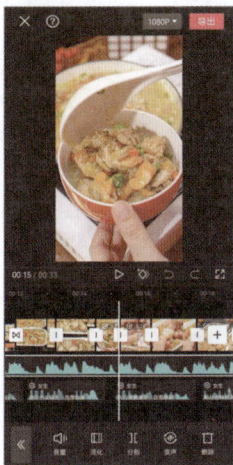

图5-65 点击"音量"按钮　　　图5-66 调整音量　　　图5-67 调整淡出时长

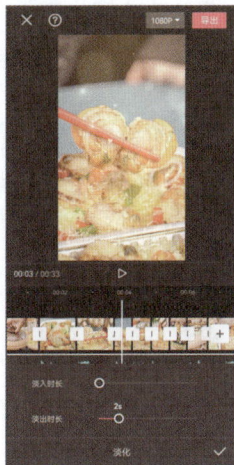

步骤 10 将时间指针定位到要添加音效的位置，在音频工具栏中点击"音效"按钮🔊，在弹出的界面中搜索"煮饭"，选择要使用的音效，点击"使用"按钮，如图5-68所示。

步骤 11 调整音效的位置和长度，然后根据需要设置音效的音量、淡化等，如图5-69所示。

步骤 12 采用同样的方法在短视频的其他位置添加音效，如"哇呜""吃饭的声音"等音效，如图5-70所示。

图5-68 选择音效　　　图5-69 调整音效片段　　　图5-70 添加其他音效

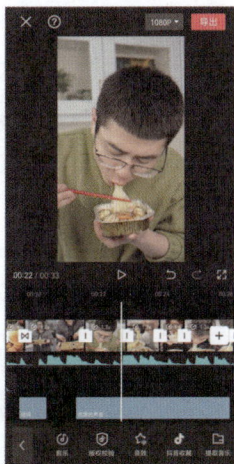

4. 编辑文字

下面为短视频添加必要的文字，配合配音用作画面提示，并为文字添加动画效果，具体操作方法如下。

视频

编辑文字

步骤 01 将时间指针定位到要添加文字的位置，在一级工具栏中点击"文字"按钮 **T**，然后点击"新建文本"按钮 **A+**，在弹出的界面中输入所需的文字，点击"字体"按钮，选择"烟波宋"字体，如图 5-71 所示。

步骤 02 点击"样式"按钮，然后点击"排列"标签，调整"字间距"为3，如图 5-72 所示。

步骤 03 点击"花字"按钮，然后点击"红色"标签，选择所需的花字样式，如图 5-73 所示。

图5-71 选择字体

图5-72 设置字间距

图5-73 选择花字样式

步骤 04 点击"动画"按钮，点击"入场"标签，选择"弹入"动画，拖动滑块调整时长为 0.5s，如图 5-74 所示。

步骤 05 点击"出场"标签，选择"向下翻转"动画，拖动滑块调整时长为 0.5s，然后点击 ✔ 按钮，如图 5-75 所示。

图5-74 设置入场动画

图5-75 设置出场动画

步骤 06 根据需要调整文本素材的位置和长度，然后选中文本素材，点击"复制"按钮，如图 5-76 所示。

步骤 07 调整复制的文本素材的位置和长度，根据需要修改文字，如图 5-77 所示。

步骤 08 采用同样的方法继续添加并编辑其他文本素材，如图 5-78 所示。

图5-76 点击"复制"按钮　　　图5-77 修改文字　　　图5-78 添加其他文本素材

5. 设置封面并导出

下面使用剪映App内置的"设置封面"功能为短视频制作一个好看的封面，并将短视频导出，具体操作方法如下。

步骤 01 在轨道左侧点击"设置封面"按钮，如图 5-79 所示。

步骤 02 在弹出的界面中左右拖动时间线，选择要设置为封面的视频画面，然后点击"封面模板"按钮，如图 5-80 所示。

步骤 03 在弹出的界面中点击"美食"分类，选择要使用的模板，然后点击✓按钮，如图 5-81 所示。

视频

设置封面并导出

图5-79 点击"设置封面"按钮　图5-80 点击"封面模板"按钮　　图5-81 选择模板

步骤 04 点击封面上的文字，然后根据需要修改文字，点击"保存"按钮，如图5-82所示。

步骤 05 点击界面右上方的 1080P▼ 按钮，在弹出的界面中设置分辨率、帧率、码率等，如图5-83所示。

步骤 06 点击"导出"按钮，开始将短视频导出到手机相册。导出完毕后，根据需要可以选择将短视频分享到抖音或西瓜视频，点击"完成"按钮，如图5-84所示。

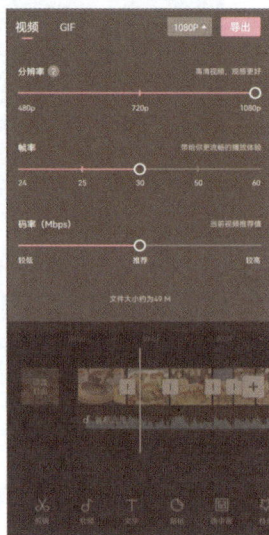

图5-82 修改文字　　　　图5-83 导出设置　　　　图5-84 分享短视频

5.3 孵化抖音短视频IP

IP的孵化不可能一蹴而就，其关键在于持续创作内容，并保证内容发布的质量、频率和速度。只有先明确IP定位，塑造出具有高辨识度的IP形象，并持续输出优质内容，才能持续吸引用户。同时，还要做好用户维护，扩大IP的影响力，拓宽IP价值，最终实现IP变现。

↘ 5.3.1 明确短视频IP的定位

IP是创作者通过智力创造产生的专利权、商标、著作权、版权等，可以指一首歌、一部网络小说、话剧，或是某个人物形象，甚至是一个名字、短语、一个符号、一种价值观、一个共同特征的群体、一些自带流量的内容。现在的IP已经被扩展为拥有知名度、具备一定市场价值的事物。在互联网行业，打造个人IP已经成为营销工作的重中之重。在短视频领域也是如此，短视频IP的差异化决定了账号未来发展的高度。

短视频IP主要有故事型IP、产品型IP、知识型IP、生活型IP和搞笑型IP。

要想打造强有力的IP，首先要打造一个鲜明的人设。人设即人物设定，是快速与用户建立情感连接的方式，基本代表了内容的定位。人设的强大作用在于它可以凸显独一无二的人格特征，给用户留下深刻的印象，快速占领用户的心智。

在打造人设时，短视频创作者需要考虑以下方面。

● 人设即标签。要想让别人快速地认识自己，最好的方式是给自己打标签，因为标签是认识一个人最快捷的方式之一。短视频创作者要寻找一些自己具备的有传播度并符合目标用户定位的标签，并且在视频内容中展现出来，塑造一个有别于他人的个性形象。

● 人设的打造不是一蹴而就的，需要从自身实际情况出发，根据自己的特长和优点筛选人设特质。

● 选取人物或角色的一两个点来塑造人设，不要刻意追求"大而全"，而是"小而精"。

● 一旦确立人设，要一以贯之，切不可随意改变，只有这样才能在用户心中形成稳定、清晰的形象。在做短视频内容策划时，要考虑视频内容是否与人设相符，不能盲目地追热点。

● 人设要依靠特定人物在特定场景中发生的事件来体现，也就是说，短视频创作者可以通过环境、人物关系、行动等因素来塑造和强化人设属性。

● 在打造人设时，短视频创作者要充分考虑该账号面向的主要用户群体，通过调研绘制用户画像，从用户的视角来审视人设的标签，去掉一些目标用户群体偏好较少甚至排斥的标签，从而增强该人设对目标用户群体的吸引力。

↘ 5.3.2　塑造具有辨识度的IP形象

要想塑造具有辨识度的IP形象，就要对人设进行强化。强化人设时，包括视觉强化和人格强化两个方面。

1. 视觉强化

视觉强化主要考虑头像、主页背景图、造型和封面。

（1）头像

头像要具有个性化，符合人物定位。合理地设置头像可以帮助强化人设，但要根据账号所在领域及定位精准设置。如果是走搞笑路线的人设，其头像就要诙谐幽默一些。如果是走专业、干货路线的人设，头像要表现出专业气质。如果人设是故事情节人物，且有固定的场景，其头像最好要把场景展现出来。

（2）主页背景图

主页背景图是抖音平台给出的仅有的几个信息展出位置，是抖音账号的门面，有效地利用这一位置可以快速实现用户增长。

（3）造型

短视频创作者要将出镜人员的造型固化下来，以培养用户的认知，通过发型、服装来强化人设，使人物的形象更立体、更突出。

（4）封面

短视频创作者要根据短视频的内容选择封面，让内容与封面有紧密的关联性，并使用统一的风格调性，色调、字体和样式也要保持统一，从而强化用户对人设的印象。

2. 人格强化

人格强化主要通过口头禅、标签、标志符号和名号来实现。

（1）口头禅

短视频创作者要从自身特点、关键利益点来提炼口头禅，在每个短视频中进行人设强化，从而在潜移默化中让用户牢牢记住IP形象。

（2）标签

标签是对人设的辅助定性，也可以强化人设，使人设变得丰满起来，增强用户的信任感。标签一般要出现在账号简介中，让用户进入主页时就能迅速看到。一般来说，标签的设置要遵循"IP功能性+账号发展方向"的原则。

（3）标志符号

标志符号一般以道具、标志动作、标志性的背景音乐为主，可以起到提高辨识度的作用，同时给用户带来心理暗示。因此，短视频创作者要构思出一个具有吸引力的标志符号、表情、动作或方言，让用户在看到这一符号时能马上想到自己。

（4）名号

名号是指IP所获得的荣誉和称号，代表该IP获得的成就。只要IP拥有某种名号，就要放到账号简介中，以便于快速强化用户的认知。

↘ 5.3.3 持续打造优质短视频内容

优质内容是打造IP形象的基础，要想让短视频成为爆款，塑造经典的IP形象，短视频创作者就要在内容上下功夫，打造出受用户欢迎、让用户点赞的优质内容。

抖音平台上的优质内容主要有以下几种。

1. 具有正能量

人们总会被各种情感所打动，尤其是那些能够激励人们奋发向上的正能量，更是激起用户感动情绪的重要因素，如勇于救人、艰苦的创业之路、下意识的善心之举等，都可以作为爆款短视频的内容，如图5-85所示。

对于用户来说，抖音更多是一个打发无聊、娱乐消遣的工具，而短视频创作者可以针对平台上的大量用户发布一些激励人心、使人感动的内容，让其闲暇时光变得充实而生动。

2. 具有高颜值

颜值高会产生巨大的影响力，这也有助于打造爆款短视频。颜值不仅指人，还可以是各种美好的事物和景色。

对于人来说，除了先天条件外，想要提升颜值，就要在展现的形象和妆容上下功夫，让自己看起来精神焕发、气质迷人；对于事物和景色来说，要想拍出高颜值的景物，就要善于寻找美景，同时利用高超的摄影技术来实现，如画面布局、构图和特效等，如图5-86所示。

图5-85　正能量

图5-86　美景

3. 内容有干货

干货类短视频分为两种，一种是知识型内容，另一种是实用型内容。

● **知识型内容：** 主要介绍一些有价值的专业知识，对想了解该行业知识的用户来说很有吸引力，如汽车、茶叶（见图5-87）、保险等。

● **实用型内容：** 重点在于"用"，即用户在看完短视频以后，可以迅速地将这些知识应用于生活或工作中，一般以技巧类的实用功能为主，如保养、购房、写作（见图5-88）等。

图5-87　茶叶知识

图5-88　写作技巧

4. 情感暖人

人们在日常生活中总会遇到一些让人产生归属感、安全感和幸福感的事物，如爱人的浪漫、父母的叮嘱、邻里之间的互助、友情的温馨等，这也是最能触动心底柔软之处的情感。用户在看到这些内容以后，很容易触景生情，激发内心的感动，如图5-89所示。

5. 暖心可爱

可爱的特质在用户心中有着重要的审美地位，得到了众多用户的喜爱，不管男女老少，都有其忠实用户。可爱的人或事物有治愈人心的力量，能够瞬间融化人心。暖心可爱的内容主要有三种。

（1）小孩

很多短视频账号会发布一些关于孩子的短视频，这些孩子的说话、动作或笑脸可以融化用户的心，激发其保护欲。

（2）宠物

毛茸茸的宠物狗或宠物猫也是众多用户所喜爱的事物之一，尤其是在选取了足够好的角度和场景之后，可爱的宠物可以瞬间激发人们的笑点和喜爱之情，如图5-90所示。

图5-89　情感暖人

图5-90　宠物

（3）玩偶

各种各样的玩偶也是众多年轻女性和孩子们所喜爱的事物之一，短视频配以生动、形象的说明和故事，更能吸引用户的关注并激发其购买欲望。

6. 拥有高超技艺

如果短视频创作者制作的短视频内容专注于某一类事物，且主要体现主人公及其高超技艺，那么这一类短视频对用户也具有很强的吸引力。一般来说，这类主人公是在工作和生活中经过长期训练才练就高超技艺的，所以这种短视频只适合在某一领域有优势和特长的人，如钻研雕刻的师傅、厨艺高超的厨师（见图5-91）等。

7. 搞笑幽默

用户观看抖音短视频的目的是为了娱乐消遣，而搞笑幽默类的短视频内容可以迅速让人开心，排解不良情绪，所以这一类短视频内容是短视频平台上最受欢迎的内容类型之一，如图5-92所示。但这一类内容在平台上的竞争过于激烈，短视频创作者要想崭露头角，就必须凸显自己的特色，除了让内容搞笑以外，还要打造自己的个性标签。

图5-91 展示厨艺

图5-92 搞笑幽默

要想持续运营短视频账号，单单打造出一个爆款短视频还不够，还要持续输出优质内容。用户关注是为了时常获取自己想要的内容和信息，如果短视频创作者一直不更新，或者更新没有规律，就会削弱其在用户心中的印象，毕竟平台上的内容很多，用户的选择也很多，只有不断输出优质内容，持续占领用户心智，才能在激烈的短视频竞争中立于不败之地。

↘ 5.3.4 做好用户维护

IP形象的打造少不了用户支持，用户的口碑宣传所带来的裂变效果有时候甚至高于渠道的推广力量。只有积累了越来越多的用户，IP形象才能被越来越多的人了解并关注，而当用户被优质内容吸引并关注账号后，用户维护就变得十分重要。

用户维护主要从以下两个方面来进行。

1. 与用户积极互动

用户黏性的重要性不容忽视，只有之前的用户不取消关注，同时增加新的用户，IP的传播速度才会呈现出正向增长的趋势。增强用户黏性的关键方式是与用户积极互动，首先要做到及时回复用户评论，让用户感受到短视频创作者对他们的关注和重视。

如果关注账号的用户众多，短视频创作者就不可能分出太多的精力逐一回复评论，可以在短视频内容中与用户进行互动。也就是说，短视频创作者可以在短视频中添加一些与用户互动的话语，引导用户评论，增加评论率，如"你觉得今天的内容对你有用吗？欢迎在评论区留言"。

2. 提高用户的参与度

提高用户的参与度就是让用户尽可能多地参与到短视频的制作中，这并非是让用户进行剪辑、发布等操作，而是让其参与到短视频内容的策划中。

例如，在短视频的结尾号召用户投稿，用户可以通过微博、短视频平台的私信功能或在当期短视频下方评论和留言，说出自己想看的内容，或者诉说自己的苦恼，短视频创作者在后面推送的短视频中由IP形象回答用户投稿时提出的问题，这样不仅提高了用户的参与度，还为短视频内容的选题提供了更多的素材。

↘ 5.3.5　扩大影响力，拓宽IP价值

IP最大的价值之一是流量吸附和价值赋能，这是用户基于对IP的认同而自发产生的互动和分享。IP究竟能够带来多大的影响力和价值，持续性是非常关键的因素之一。所谓持续性，除了持续输出优质内容、与用户持续互动以外，还包括持续拓宽IP价值，让IP在多个平台实现爆发式的流量增长，从而成功变现，使IP形象获得稳定、健康的发展。

要想实现这一目的，可以从以下几个方面来操作。

1. 多平台发布

短视频是IP与用户交流的媒介，短视频创作者可以将短视频分享到微信群、微信公众平台、QQ空间、微博、小程序、知乎、哔哩哔哩等平台，盘活各大平台的用户资源，以增加用户群体的数量。

2. 广告推广

如果有足够的预算，最好进行广告推广。广告推广可以增加短视频的曝光率，让更多的人知道自己的短视频账号，可以让网络达人帮忙转发，也可以购买广告位，如使用抖音平台的"DOU+上热门"功能。

"DOU+上热门"功能有三种投放形式，即系统智能推荐、自定义定向推荐和达人相似粉丝推荐。

● **系统智能推荐**：指抖音平台根据短视频内容推荐给有相应爱好的用户。例如，如果短视频是搞笑幽默类的内容，就会自动推荐给经常观看搞笑幽默类短视频的用户。

● **自定义定向推荐**：指自己确定推荐对象，可以指定性别、年龄段、地域、兴趣标签等。例如，如果短视频是美妆垂直类的内容，就可以指定推荐给18~40岁的女性。

● **达人相似粉丝推荐**：指推荐给与自己相同领域的达人的粉丝或与这类达人粉丝相似的用户群体，这样推荐的用户会更加精准。例如，如果短视频是美妆垂直类的内容，就可以选择抖音平台上的美妆达人，"DOU+"就会向这些达人的粉丝推荐自己的短视频账号。

3．深耕垂直领域

随着短视频IP属性的不断强化，就会逐步拥有议价和变现能力，但前提是短视频内容在所属领域足够垂直。用户在观看时会自动完成目标用户群体的筛选，所以用户画像非常清晰明了。

4．进驻MCN机构

MCN机构具有个人所不具备的优势，短视频创作者进驻MCN机构后，机构内的账号可以相互导流，盘活各种资源。此外，MCN还会为个人创作者提供多维度的服务，包括内容生产运营、用户管理和商业变现等。

5．挖掘变现能力

IP运营成熟以后，可以结合垂直领域产业的上下游接入电商，拓宽终端服务产品范围，挖掘更多有价值的市场需求和用户需求。IP变现不应局限于广告、直播打赏，电商带货才是账号变现稳定且长期的渠道。

另外，IP周边产品也是IP成功运营的标志。周边产品是IP形象的衍生品，往往包含多个品类，甚至可以打造出以自身IP为核心的产业链。

5.4 抖音短视频数据分析

短视频创作者要想做好抖音短视频运营，复盘是一个必要的环节。抖音短视频复盘需要运用数据发现问题，并找到解决问题的方法，从而调整短视频运营策略，使短视频运营更加科学、高效。

5.4.1 抖音短视频数据分析的维度和指标

短视频创作者在运营抖音短视频账号的过程中，要不断提升自己的数据分析能力。抖音短视频数据分析的维度主要有以下几个。

● **账号领域流量**：账号领域流量是指某领域当前聚集了多少竞争者，以及该领域的流量大小，如美食、搞笑等领域属于受众面较广、流量较大的领域，竞争者较多。

● **账号受众人群**：短视频创作者只有清楚地知道目前粉丝的性别比例、分布地区、年龄层等，才能匹配更精准的内容。

● **粉丝活跃度时间**：短视频创作者要清楚粉丝活跃在哪个时间段，不同账号的活跃时间是不一样的。短视频创作者要掌握粉丝的生活规律，这样才能更好地进行短视频引流。

● **账号作品表现**：短视频创作者要掌握单个作品或全部作品的数据反馈，以明确内容是否需要调整。

● **推广数据表现**：短视频创作者在进行推广时要具备理性思维，掌握最新的数据，选择合理的推广渠道，并掌控推广节奏。如果相关数据表明推广潜力巨大，短视频创作者应根据推广数据做出合理规划。如果具有追投的价值，可以继续追投；如果远超出预算，就要权衡投入与回报。

抖音短视频数据分析指标包括固有数据指标、基础数据指标、关联数据指标三大类。其中，固有数据指标是指短视频时长、短视频发布时间、短视频发布渠道等与短视频发布相关的数据指标。下面重点介绍基础数据指标和关联数据指标。

1. 基础数据指标

基础数据指标主要是指播放量、点赞量、评论量、转发量和收藏量等与短视频播放效果相关的数据指标，如表5-1所示。

表5-1　基础数据指标

指标	说明	备注
播放量	播放量是指在某个时间段内被用户观看的次数，代表着短视频的曝光量。播放量越高，说明短视频被用户观看的次数越多	用户在首页看到短视频时，短视频的播放量不会被计算在内，只有用户打开并观看短视频后，播放量才会增加。因此，播放量是衡量短视频内容受欢迎程度的一个重要指标
点赞量	点赞量是指短视频被用户点赞的次数，可以反映出短视频受用户欢迎的程度。短视频的点赞量越高，说明用户越喜欢这条短视频	用户的点赞量会对短视频的播放量产生影响，点赞量高的短视频作品在一定程度上播放量也高
评论量	评论量是指短视频被用户评论的次数，反映了短视频引发用户共鸣、引起用户关注和讨论的程度	短视频创作者在做短视频数据分析时，不要只片面地分析评论量，还要多看具体的评论内容，分析用户的主流意见和态度，同时调整短视频内容，尽可能地增加好评，减少差评
转发量	转发量是指短视频被用户分享的次数，反映了短视频的传播度	用户的转发行为可以帮助短视频内容形成裂变式的传播效果，让短视频获得更多的曝光量。短视频被转发分享的次数越多，获得的曝光机会就越多，播放量也会增加
收藏量	收藏量是指短视频被用户收藏的次数，反映了用户对短视频内容的喜爱程度，体现出短视频对用户的价值	分析收藏量可以帮助短视频创作者优化短视频选题规划

2. 关联数据指标

短视频的播放量、点赞量、评论量、转发量、收藏量的数据变化浮动性较大，若直接对比分析这些基础数据指标，得出的结论往往不准确。这就需要用到比率性的关联数据指标。关联数据是指由两个基础数据相互作用而产生的数据，包括完播率、点赞率、评论率、转发率、收藏率等指标，如表5-2所示。

表5-2　关联数据指标

指标	说明
完播率	完播率=完整看完整个短视频的用户数÷点击观看短视频的用户数×100%，这是衡量短视频内容吸引力的重要指标。提高完播率要注意两点：第一是调整短视频的节奏，努力在最短的时间内抓住用户的眼球；第二是通过文案或内容引导用户看完整个短视频
点赞率	点赞率=点赞量÷播放量×100%，它能反映出短视频受欢迎的程度
评论率	评论率=评论量÷播放量×100%，它能体现出哪些选题更容易引发用户的共鸣，引起用户讨论的欲望
转发率	转发率=转发量÷播放量×100%，转发代表用户的分享行为，说明用户认可短视频传达的观点和态度。转发率高的短视频通常带来的新增粉丝数量比较多
收藏率	收藏率=收藏量÷播放量×100%，它能反映用户对短视频价值的认可程度，同时用户在收藏后很可能再次观看短视频，从而提升完播率

↘ 5.4.2　抖音短视频数据分析与优化

了解抖音短视频的数据指标后，短视频创作者在着手进行数据分析时，要选择合适的数据监测工具。短视频创作者可以利用的数据监测工具包括抖音后台和第三方数据分析工具。

1. 抖音后台

抖音后台的数据分析界面包括"总览""数据全景""作品数据"和"粉丝数据"。

● **总览**：查看自身账号与同类账号的对比情况，并针对每项数据情况如播放量、互动指数、投稿数、粉丝净增、完播率等方面做出诊断，提出诊断建议。

● **数据全景**：查询作品、直播、电商、星图等相关数据。

● **作品数据**：查询单条短视频的点赞量、评论量、分享量和播放量。

● **粉丝数据**：查询粉丝的特征数据。

2. 第三方数据分析工具

除了抖音后台以外，短视频创作者还可以充分利用第三方数据分析工具来进行抖音短视频数据分析，以提高短视频的运营效率，优化运营策略。常用的第三方数据分析工具有飞瓜数据、蝉妈妈、新榜、抖查查等。

下面以蝉妈妈抖音版为例，介绍使用第三方数据分析工具进行短视频账号运营数据分析的方法。

（1）短视频账号运营概况

短视频创作者注册并登录蝉妈妈账号后，可以在搜索框输入自己的抖音账号，单击进入数据页面，然后单击"视频分析"，可以看到在特定时间段内的短视频数据；还可以查看指标趋势分析，看到账号的点赞数、评论数和转发数的发展趋势；还可以查看账号发布短视频的时间集中在什么时段。

（2）作品数据分析

通过分析作品数据，短视频创作者可以了解某个时间段内短视频账号发布的某篇作品的传播指数、点赞量、评论量、转发量等数据，从而了解该作品的热度。

● 单击"视频记录"中的某条短视频，进入该短视频的数据页面，短视频创作者可以查看该短视频从发布之日起总共获得的点赞数、评论数、转发数、收藏数、IPM（千次浏览互动量）等。

● 单击"基础分析"，短视频创作者可以查看该短视频在特定时间段内（24小时、3天、7天、30天、90天）各项指标（点赞、评论、转发、收藏）的趋势，指标的趋势分为增量和总量两个维度。

● 单击"商品分析"，短视频创作者可以查看带货商品的价格、佣金比例、预估销量、预估销售额，还可以查看主要商品销售额趋势，将商品销售额的增长趋势与各项指标趋势结合在一起来分析，找到各项指标与商品销售额之间的联系。

● 单击"评论分析"，短视频创作者可以查看该短视频的评论热词，分析用户对短视频内容的认可度。

● 单击"用户分析"，短视频创作者可以查看用户的性别分布、年龄分布和地域分布。

● 单击"视频诊断"，短视频创作者可以查看该短视频的基础数据评分，以及本条短视频的关键指标在所处行业的水平，找到不足之处后做出改善。

● 单击"对比分析" | "对比视频"，可以添加竞品短视频，与本条短视频对比IPM和GPM（千个用户下单总金额）等指标。

短视频创作者在进行数据分析时，会从数据中发现自身短视频存在的不足，在后续运营过程中，应根据数据对短视频进行优化，主要有以下方法，如表5-3所示。

表5-3　短视频优化方法

方法	具体做法
增加点赞量	短视频的内容要新颖、有创意，不能过于大众化，只有吸引用户的观看兴趣，才能吸引他们点赞；对内容做出调整，引入一些能为用户带来价值，被用户牢牢记住的元素，引导其点赞；充分发挥关键词的作用，增加关键词，以提高短视频获得系统推荐的概率
注意评论质量	创建有趣的话题，适当加入一些有争议的元素；及时回复每一位留言的用户，促使其转化为自己的粉丝；在短视频内容中有意识地加入一些可能引起互动的小设计，引导用户做出评论
扩大转发规模	提升内容质量；激发用户的分享欲望，将内容向态度、情感等方面倾斜，使用户产生共鸣，促使其自发传播

续表

方法	具体做法
提高完播率	据相关数据统计，15～20秒的短视频的完播率较高。对新手短视频创作者来说，创作处于这个时长区间内的短视频的难度并不高；考虑发布短视频的时间点，在恰当的时间点发布，也能有效提高短视频的完播率；努力提高内容质量
重视粉丝涨幅	结合短视频的播放量综合分析粉丝涨幅，当粉丝涨幅与巨大的播放量不相符时，说明短视频创作者在推广引流方面做得不到位，应及时调整推广策略

课后实训：抖音短视频运营实战

1. 实训目标

掌握抖音短视频运营的方法。

2. 实训内容

5人一组，成立短视频团队，拍摄短视频作品，经过后期剪辑后在抖音平台发布，注重用户维护，扩大影响力，同时进行短视频数据分析和优化。

3. 实训步骤

（1）成立短视频团队

小组讨论各个成员的擅长技能，分配各自的职责，确定好以后成立短视频团队。

（2）做好短视频IP定位

明确短视频IP的定位，塑造具有辨识度的IP形象。

（3）完善抖音账号信息

设置账号名称、头像、简介、主页背景图等账号信息，保证与定位相统一。

（4）制作抖音短视频

抖音短视频，拍摄完毕后，短视频团队使用剪辑工具剪辑短视频素材，做出转场设计，选择合适的背景音乐、配音和字幕。

（5）用户维护

持续打造优质内容，积极与用户互动，提高用户的参与度。

（6）扩大抖音账号的影响力

短视频团队为抖音账号进行推广引流，挖掘其变现能力，以扩大账号的影响力，拓宽其IP价值。

（7）数据分析与优化

掌握抖音短视频数据分析的维度和指标，使用第三方数据分析工具分析短视频数据，根据数据情况优化短视频内容。

（8）实训评价

进行小组自评和互评，撰写个人心得和总结，最后由教师进行评价和指导。

课后思考

1. 简述如何完善抖音账号信息。
2. 使用抖音拍摄短视频，并进行后期剪辑与发布。
3. 简述塑造高辨识度IP形象的方法。
4. 简述拓宽IP价值的方法。

第6章 直播内容策划：用创意内容增强观众黏性

知识目标

- 了解评价直播内容质量的标准。
- 掌握增强直播内容创意性的技巧。
- 掌握提升直播内容吸引力的技巧。

能力目标

- 能够判断并评价直播内容的质量。
- 能够通过多种手段增强直播内容的创意性。
- 能够运用各种策略提升直播内容对观众的吸引力。

素养目标

- 坚持原创性，善于运用创新性思维创作高质量的原创性直播内容。
- 树立"诚信为本"的商业理念，直播不发布虚假信息，不欺骗消费者。

　　随着移动互联网技术的发展，直播行业正在向精细化方向发展。在竞争日益激烈的直播行业，有创意、有价值的直播内容才能受到观众的关注和喜爱。本章将学习如何进行直播内容的策划，用创意内容来增强观众的黏性。

6.1　评价直播内容质量的标准

优质的直播内容是吸引观众观看直播的关键因素。一般来说，评价直播内容质量的标准有两个，一个是内容的精彩程度，另一个是内容的表现形式。

↘ 6.1.1　内容的精彩程度

从内容的精彩程度上来说，直播内容要有一定的水准，这主要体现在内容有深度，直播的表现形式有意思，主播的人格魅力有吸引力。

在此，需要特别强调内容的深度。要想直播内容有深度，主播就要有自己独特的观点和见解，而且这些见解要言之有物，具有很强的说服力，能够让观众接受和理解。概括来说，有深度的内容具有三个特征。

- 理：言之有物，主播在直播中表达的观点和见解能够让观众信服。
- 节：遵守法律道德规范，不能大放厥词。
- 奇：观点和见解独特，不是人云亦云。

↘ 6.1.2　内容的表现形式

主播要结合自身特点选择适合自己的直播表现形式。目前，比较常见的直播表现形式主要有以下几种。

1. 娱乐幽默式直播

在当前快节奏的生活环境中，人们需要在了解更多信息的同时放松一下身心。因此，很多主播会以娱乐、幽默的形式来直播，如表演脱口秀，这样比较容易迎合人们的心理需求，获得人们的关注。

2. 教学培训式直播

教学培训式直播是指主播以授课的方式，在直播中教授知识与技能，如网络直播课程、美食制作直播等。这样的直播能够让观众在放松身心的同时学习某些技能或知识。图6-1所示为某主播在直播间教授素描技巧。

3. 卖货式直播

卖货式直播就是直播带货，主播通过在直播中向观众推荐物美价廉、性价比高的商品来吸引其关注，以引导其购买商品，如图6-2所示。

4. 开箱评测式直播

开箱评测式直播是指主播拆箱并介绍商品的直播形式。在这类直播中，主播需要客观、诚实地描述商品的特点，以及使用商品的体验，让观众全面、真实地了解商品的功能、性能等。图6-3所示为某主播在直播时评测某两款洗地机。

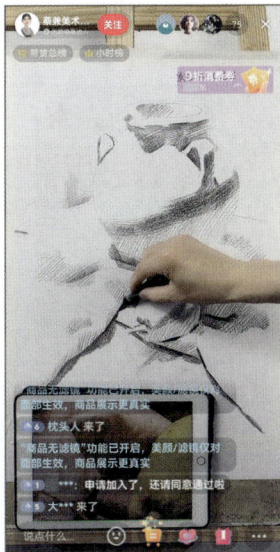

| 图6-1　教学培训式直播 | 图6-2　卖货式直播 | 图6-3　开箱评测式直播 |

5. 表演式直播

表演式直播是指主播通过肢体动作、表情等来表现直播内容，如魔术、舞蹈等。在这种直播形式中，主播可以将语言作为表现直播内容的辅助手段。表演式直播不能只是主播自顾自地表演，还要与观众进行互动，这样才能增强直播的互动性，让缺少语言交流的直播显得更加有趣。

6.2　增强直播内容的创意性

有创意的直播内容是直播吸引有效流量的关键，通过增强直播内容的创意性，可以让直播内容变得更有新鲜感和吸引力。

↘ 6.2.1　从自己擅长的领域入手

做直播不能一味地追求噱头，主播要先找到自己喜欢并擅长的领域，这样才能在直播中发挥自身优势，创作出受观众欢迎的直播内容。

如果主播对"吃"非常有研究，那么可以从美食制作入手来策划直播内容。在直播中，主播并不是简单地让观众看自己吃了什么，怎么吃，而是教观众怎么做美食，让观众观看自己制作各种美食的过程。

美食的种类数不胜数，所以主播不用担心自己没有足够的题材来进行直播。通常喜欢观看这类直播的观众也是非常热爱厨艺的，如果主播的厨艺足够专业，自然不用担心观众流失的问题。图6-4所示为某主播在直播间制作美食，该账号发布的短视频都是美食制作类内容，吸引了不少热爱美食的观众关注。

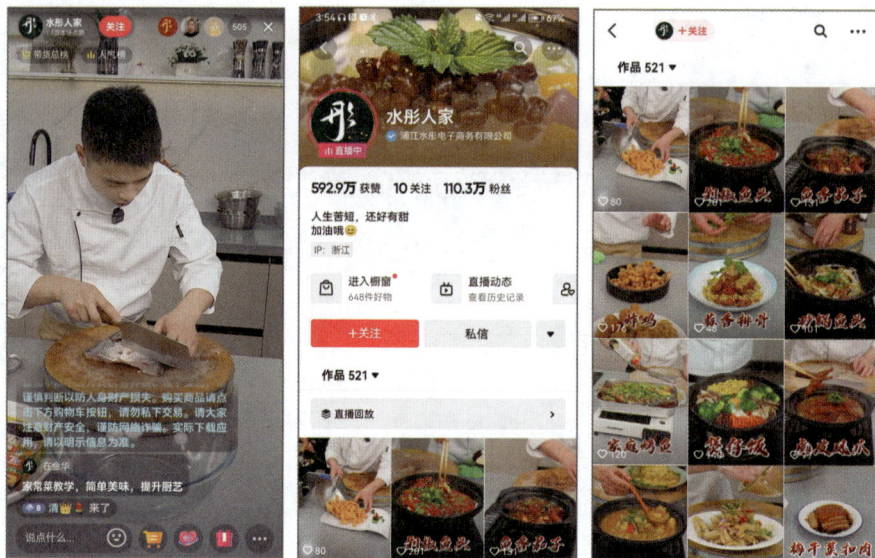

图6-4 美食制作类直播

↘ 6.2.2 挖掘直播观众的需求痛点

要想打造高质量的直播内容，最根本的就是从观众的需求出发，聚焦观众的痛点，即寻找观众的兴趣点和刚需，挖掘他们最关心的内容。所谓"需求至上"，就是说只有当直播的内容刺中观众的需求痛点时，才能持续吸引其关注，并让观众产生依赖，进而提高其留存率。

挖掘直播观众需求痛点时，首先，主播要对自身的能力与优势有充分的了解，并对竞争对手的直播内容和特点进行深入分析，以开展差异化的内容定位，通过细分内容来寻找观众的需求痛点；其次，主播要对观众心理进行深入的分析，只有对观众有了充分的了解，才能更精准地挖掘观众的需求痛点，从而打造符合其需求的直播内容。

在挖掘直播观众的需求痛点时，主播可以尝试以下几种方法。

1. 与观众建立情感连接，激发观众产生共鸣

情感是一切痛点的源头。对于很多人来说，他们之所以喜欢某个主播，是因为能够从这个主播身上找到情感寄托。例如，某个主播的说话方式非常平易近人，那么这个主播的情感标签就是"温和""和蔼"，其聊天方式能够给观众带来亲切感；某个主播擅长制作各种精美的甜食，那么这个主播的情感标签就是"甜食"，观众通过观看直播可以学会制作各种甜食的方法。只有主播和观众之间建立了情感连接，才容易激发观众产生共鸣。

2. 为观众创造超越心理预期的内容

要想引导观众对直播内容进行分享和口碑宣传，就必须要为他们创造令其激动和喜悦的内容，而关键点无外乎两个：一是在直播的细节上让观众感受到贴心，二是让观众从直播中获得除既定内容以外的收获。

例如，观众对歌唱主播的期待是能够听到好听的歌曲，而某个主播也做到了歌唱的专业性，并且演唱了观众点播的歌曲，使其产生共鸣，就会让观众对该主播形成这样的第一印象：这个主播唱歌很专业。如果这个主播也很会聊天，平易近人，让人如沐春风，能够为观众带来一种情感寄托，那么对于观众来说，这就是一种额外的收获，会让他们产生惊喜感。

在生活中，惊喜容易给人留下深刻的印象，而持续的惊喜容易令人感动，让人们将创造惊喜的人牢牢地刻在脑海中。因此，对于主播来说，创造能够超越观众心理预期的直播内容，才更容易给其带来惊喜。

3. 运用同理心，站在观众的角度进行思考

主播要懂得换位思考，设想如果自己是直播的观众，自己希望从直播中获得什么，什么样的内容与细节能够让自己感动，然后在直播过程中对此类内容进行满足。例如，有的人观看直播，除了想看主播展示才艺、技能外，还想与主播进行互动，以体现自己的存在感。因此，主播在直播时要随时与这类观众进行互动，这样更容易让其感觉自己受到了重视，满足了他们的心理需求。

↘ 6.2.3 挖掘垂直度高的内容

要想提高直播内容对观众的吸引力，让观众对主播保持持续的关注，最有效的一种方式是采取垂直性策略，为观众提供垂直度高的内容。所谓垂直性策略，就是针对某个特定领域、特定人群或者某些特定需求来提供信息或服务。全而广策略的特点是多、广、杂，内容多样化，涉及的范围广；而垂直性策略的特点是专、精、深，内容专注于某个特定领域或方向，具有浓郁的行业色彩，主播所做的直播内容都是与该领域或方向密切相关的内容，没有该领域或方向之外的闲杂内容。

品牌或企业在打造具有高度垂直的直播内容时，除了在直播中展示自己的商品外，还可以从以下两个角度入手。

1. 以商品或服务为中心进行知识延伸

在当前的营销环境中，单纯介绍商品、推荐商品的营销方式已经很难吸引观众的关注，尤其是直播带货，过于直接、硬性的推销很容易引起观众的反感。如果能在直播中分享一些与商品或服务相关的延伸性知识，往往更容易让观众接受。因此，主播可以策划一些与直播中的商品或服务相关的拓展性信息和内容，增加直播内容的趣味性和深度。

2. 展示品牌或企业文化

品牌或企业可以在直播中展示自己的经营理念和企业文化，彰显自身的品牌价值。文化层面的内容是最能反映自身底蕴的，有利于促进观众对品牌或企业的了解，增强观众对品牌或企业的认可度和信任度。

↘ 6.2.4 提升直播内容的专业性

主播要想长久地吸引观众观看自己直播，应该从专业化信息入手，为观众提供具有专业性的直播内容，让观众能够从直播中获得新的、有价值的信息，从而使其对主播保

持长期的关注。

例如，通过直播展示美食的制作过程，让观众学会一道美食的制作方法；通过直播介绍锻炼身体的方法，让观众了解如何正确地健身；通过直播进行财务教学，让观众掌握更多的财务知识；通过直播带货，让观众购买令自己心仪的商品等。总而言之，只要主播能够持续地为观众带来有价值的信息，观众就会认可主播的专业度，从而长期对主播保持关注。

↘ 6.2.5　借助热点制造话题

热点是指受广大观众关注或欢迎的新闻或信息，也指某个时期引人注目的地方或问题。在移动互联网时代，热点具有影响范围广、传播速度快的特点，因此热点往往意味着关注和流量。在策划直播内容时，主播如果能够充分利用好热点，就有可能以极低的创作成本获得非常可观的流量。

1．热点的类型

通常可以将热点分为两类，即可预见性热点和突发性热点。这两种热点类型的释义及其特点如表6-1所示。

表6-1　热点的类型释义及其特点

热点类型	释义	特点
可预见性热点	观众熟知的一些信息，如国家法定节假日、大型赛事活动等	①备受观众关注。 ②发生的时间、持续的时长相对稳定。 ③主播可以提前做准备，减轻创作压力。 ④同质化内容较多，考验主播的创意能力
突发性热点	不可预见的、突然发生的事件或活动	①突然爆发，留给主播反应、准备的时间极短，非常考验主播的即时反应能力和快速创作能力。 ②流量极大

2．热点的搜集

主播要想借助热点来做直播，首先要能快速、准确地搜集热点信息。针对不同类型的热点，主播在搜集热点信息时可以采用以下方法。

● 对可预见性热点，主播可以将每个月、每周会出现的节日、节气、体育赛事、颁奖典礼等事件整理出来，制作一个热点事件日历，然后按照这个热点事件日历来策划直播内容，准备直播资料。

● 对突发性热点，主播可以借助微博热搜榜、抖音热榜、头条热榜、百度热搜等平台来搜集热点。

3．对热点进行分析

当遇到一个热点时，主播不能为了追求热点的及时性就马上将其应用到直播中，而应对热点进行分析，判断该热点是否值得使用，是否符合自己的直播定位，以及在直播时应当如何运用该热点等。

通常来说，主播可以从以下几个维度对热点进行分析。

（1）热点的来龙去脉

主播要了解热点的内容和始末，明白热点是如何发生的，热点的真实经过是什么。主播不能看到一个热点就想着去"蹭"，为了抢占热点时间上的优势而不去考究热点的真实性。

（2）热点所处的传播阶段

热点具有很强的时效性，对新出现的热点，主播需要判断该热点所处的传播阶段，从而采取不同的策略。对刚刚爆发的热点，只要主播能够及时抓住，往往就能够获得比较可观的流量；对已经传播了几个小时的热点，主播可以对其进行深入分析与深度解读，就热点发表自己的见解和看法；对传播时间已经超过一天的热点，主播可以对热点进行复盘、整合、反转再创作，从全新的角度对热点进行解读，另辟蹊径吸引观众的关注。

（3）热点的话题性

热点的话题性是指该热点是否具备可讨论性。热点之所以成为热点，是因为它能够在观众之间广泛的分享和传播，因此具有话题性的热点更容易引起观众的主动参与、互动和传播。

（4）热点的观众范围

所谓热点的观众范围，就是分析哪些领域、哪种类型的观众群体会对该热点感兴趣，以及这些观众群体的规模有多大。

（5）热点的相关度

热点的相关度是指该热点与主播所推广的商品或品牌是否存在某些关联，以及关联的程度如何。如果某个热点与主播推广的商品或品牌毫无关系，最终只能让主播成为该热点的传递者，加深观众对热点的印象，却不能为主播带来任何经济效益。

（6）热点的风险性

主播在运用热点时要保持理智，不能触碰红线，有悖于法律法规、道德伦理等的内容不要用，不能为了"蹭热点"而毫无底线。

4．根据热点策划直播内容

主播在借助热点策划直播内容时，需要做好以下三个方面的工作。

（1）找准热点的切入角度

借助热点制造话题的本质是借势营销，在借热点的"势"时，主播首先要做的是找准热点的切入角度。对推广或销售商品的直播来说，主播要根据观众和商品的特点选择合适的切入角度。

（2）对直播内容进行整体规划

找准热点的切入角度后，主播还需要根据热点对直播内容进行具体的规划，以减轻直播时的压力。

（3）找准发布直播引流短视频的时间点

热点是有时效性的，所以主播在发布借势热点的直播引流短视频时要注意时效性，不能等到热点过去之后再发布直播引流短视频，主播要能在极短的时间内获取热点，并抓住利用热点吸引流量的时机。

6.2.6 让观众参与直播内容生产

主播的直播间账号在运营一段时间以后，一般会积累一定数量的忠诚观众。此时，主播就可以发动观众的力量，让观众主动参与直播内容的生产，扩大直播内容的生产线，提高直播内容的精准性。

主播可以采取以下方式来吸引观众主动参与直播内容的生产。

1. 情绪化渲染

主播可以对直播内容进行情绪上的渲染，这样更容易引起观众的互动。例如，主播可以在直播过程中讲述一些温馨或充满正能量的小故事，这样很容易让观众感动，从而激发其评论、转发的欲望。

2. 在评论区征集观众建议

在观看直播的过程中，观众可以在评论区畅所欲言。作为直播内容的创作者，主播要懂得利用评论区来加强与观众的互动。主播可以在直播过程中发起讨论议题，鼓励观众在评论区发表自己的观点和看法，并在直播中分享观众的观点和看法。

3. 向观众请教问题

主播在直播过程中向观众请教问题，是一种非常有效的提升观众互动兴趣的方式，这样会让观众感觉自己受到重视，从而愿意主动参与直播内容的生产。

例如，在以介绍服装搭配为主题的直播中，主播可以在直播中表示自己下周要去参加一个朋友的婚礼，为此专门准备了三套服装，在展示服装的过程中，主播可以向观众请教哪套服装更适合参加婚礼，应当搭配什么款式的鞋子，由此引发观众在评论区积极发言，然后从评论区中选择几条发言与观众进行讨论。

6.3 提升直播内容的吸引力

直播是一种内容呈现方式，要想吸引观众、聚拢人气，最重要的是提升直播内容对观众的吸引力。在提升直播内容吸引力的策略上，主播可以从三个方面入手：一是坚持直播内容的原创性，二是注重直播内容的真实性，三是提升直播内容的文化内涵。

6.3.1 坚持直播内容的原创性

随着直播市场的不断发展和规范，观众的需求也在不断提升，高质量、原创性的内容会逐渐成为稀缺资源。因此，主播要坚持直播内容的原创性，要善于运用创新性思维，创作高质量的原创性内容。

要坚持直播内容的原创性，主播需要做好以下两个方面的工作。

1. 遵守直播的基本原则

在直播时，主播首先要遵循以下三个原则。

● 趣味性：直播内容要具有独特的趣味性，能够给观众带来不一样的感受。需要注意的是，不能为了吸引观众关注而违背大众审美情趣。

● **实用性**：直播内容要具有实用价值，能够帮助观众解决一些实际性的问题。

● **独特性**：对于推广商品或品牌的直播来说，主播要根据商品或品牌的特点来打造个性化的内容，向观众展示商品或品牌的价值。

2. 做好直播内容规划

策划原创性的直播内容时，主播要做好直播内容规划，为直播提供方向和思路，从而让后续的直播有的放矢。

在开展直播时，很多主播并没有对直播内容做好充分的规划，常常是想到什么内容就播什么内容，而有的主播根本不知道要播什么。这些做法不仅会降低直播内容的质量，还会降低观众的黏性。因此，在开展直播时，做好直播内容的规划是非常有必要的。充分的直播内容规划不仅能让主播省时、省力地完成直播，还可以提升直播内容的质量，增强观众的黏性。

例如，某主播计划做一场关于夏款连衣裙的推广直播，可以从表6-2所示的几个方面来进行直播内容规划。

表6-2 推广夏款连衣裙的直播内容规划

内容规划	说明
商品介绍	介绍连衣裙的款式、用料、设计亮点等，让观众对商品形成直观的认识
知识介绍	根据连衣裙的款式、设计亮点，介绍与服装搭配、服装选择相关的知识，既能加深观众对商品的了解，又能体现自己的专业性
销售或促销活动介绍	简单介绍商品的价格，购买商品的方法，以及购买优惠等信息
穿搭体验	邀请购买过该商品的观众在直播间发表自己对商品的评价，这样能够有效地增加其他观众对商品的信任度

主播在进行营销类直播内容规划时，需要结合商品或品牌的特点及优势。主播可以将商品或品牌的特点用几个关键词概括出来，然后根据关键词规划直播内容和表现风格。例如，某女装品牌以"爱人，爱家，爱自然，为舒适而生"为品牌价值观，其品牌特点的关键词可以概括为"自然""舒适"等，那么其直播内容在表现风格上应当突出"自然、舒适"的品牌形象，在直播内容的选取上可以倾向于一些向往自由、舒适的内容。

↘ 6.3.2 注重直播内容的真实性

虽然主播策划直播内容时可以充分发挥自己的创意，但直播内容最好能够与观众产生联系。也就是说，主播要用真实的信息、真实的情感来打动观众，而不是策划一些无中生有的内容，或者虚情假意地表达自己对某些事物的看法。

例如，作为户外徒步旅行主播，可以在直播中展现自己出发前的各种准备工作和旅游目的地的风景、人文特色，还可以在直播中讲述自己在旅途中的所见所感，为观众创造身临其境的观看体验，体现出直播内容的真实性。

↘ 6.3.3 提升直播内容的文化内涵

随着直播行业内容运营的不断细化，观众对直播内容质量的要求也在不断提高，高质量、有内涵的直播内容更受观众的青睐。因此，主播要精心创作具有深刻文化内涵的、具有艺术审美性的、积极健康的直播内容，让观众能够通过观看直播得到艺术的熏陶和精神的升华。尤其是对于通过直播开展营销活动的企业来说，其更需要在提升直播内容的文化内涵上下一番功夫。

在企业直播营销中，提升直播内容的文化内涵，不仅是为了提升直播行业的整体水平，更是为了让直播内容与企业的形象更加贴近。正是因为直播能够为观众带来更加直观的视觉体验，所以观众可以通过直播画面看到企业的形象和品牌的形象。具有文化内涵的直播内容会让观众感受到企业高端的品质，而多数观众在购买商品时，会在自己消费能力范围内尽可能地选择具有高端品质的企业。因此，企业开展直播营销，必须要为观众打造具有文化内涵的直播内容，让观众感受到企业的高端品质和品牌价值。

课后实训：解构品牌直播内容策划

1. 实训目标

掌握直播内容策划的方法。

2. 实训内容

4人一组，搜集品牌直播的案例，观察品牌进行内容策划的方法，分析讨论其方法正确与否。

3. 实训步骤

（1）搜集品牌案例

小组成员在搜集品牌案例时要重点从以下几个方面考虑：内容表现形式、内容的专业性、是否借助热点、直播内容的文化内涵、直播内容是否具备原创性和真实性。

（2）分析品牌直播

根据以上要求来分析找到的品牌案例是否符合要求，与小组成员互相讨论。

（3）总结品牌直播内容策划的方法

将小组成员觉得不错的直播内容策划方法总结到一起，生成总结报告，以指导之后的直播实践。

（4）实训评价

进行小组自评和互评，撰写个人心得和总结，最后由教师进行评价和指导。

课后思考

1. 简述评价直播内容质量的标准。
2. 简述如何增强直播内容的创意性。
3. 简述提升直播内容吸引力的方法有哪些。

第 7 章 直播技能：主播职业能力的培养与提升

知识目标

- 了解搭建直播团队的方法。
- 掌握搭建与布置直播间的方法。
- 掌握主播打造与能力提升的方法。
- 掌握直播活动执行的流程与方法。
- 掌握直播流量变现的方式。

能力目标

- 能够搭建专业、高效的直播团队。
- 能够根据直播需求搭建与布置直播间。
- 能够在直播中灵活运用直播话术，应对突发事件。
- 能够根据直播策划方案的要求执行直播活动。

素养目标

- 遵守直播行业法律法规，做好风险防范，提升直播合规意识。
- 树立复盘思维，主动发现问题并解决问题，不断提升直播技能。

　　随着直播行业的迅速发展，主播作为一种新兴职业受到了很多人的追捧，但要想成为一个真正受观众欢迎的主播并不是一件简单的事情，更没有什么捷径。无论从事何种职业，成功的必要条件都是过硬的职业技能和坚持不懈的努力，主播也不例外。本章将学习使主播职业能力向专业化方向提升的方法与技巧。

7.1　直播团队的搭建

搭建专业、高效的直播团队是做好直播电商的前提和基础。在直播电商领域，直播团队的岗位职责和人员配置会因为业务需求的不同而有所不同，目前规模较大的直播团队通常会有直播操盘手、主播、副播/助播、运营专员、直播场控、投放专员、直播客服等岗位。

↘ 7.1.1　直播团队的岗位职责分配

在直播电商领域，直播团队各个岗位的工作职责分配如下。

1. 直播操盘手

直播操盘手是直播活动的负责人，全面负责直播活动的运营和日常管理，包括直播活动策划、场景策划、选品、直播引流、团队管理、复盘总结等工作。简单来说，直播操盘手是指导主播卖什么、怎么卖、卖给谁、如何让观众进入直播间的幕后角色，在直播活动中不可或缺。有时，直播操盘手会由运营专员担任。

2. 主播

主播在整个直播活动中发挥至关重要的作用，是整个直播活动的主角，既承担着产品讲解员的角色，又是销售员。主播的具体职责如下。

在开播前要熟悉直播脚本，规划好整场直播的节奏，熟悉产品特性和利益点，才能在直播时有较好的表现力；在直播过程中，适时活跃直播间的气氛，做好粉丝答疑，积极与粉丝互动，引导观众关注账号，做好商品讲解、销售和引导粉丝下单等工作，主播要时刻注意自己在镜头前的表现；在下播后，主播要及时复盘，同时通过更多渠道进行主播IP的打造和宣传，从而吸引更多观众，增强信任度。

3. 副播/助播

副播/助播的主要工作是协助主播，配合主播完成直播。例如，主播一个人忙不过来时，副播/助播可以积极为主播试用商品，或者回答观众的提问，也可以帮忙查看留言并积极回复，与粉丝互动，打消粉丝下单前的疑虑等。副播/助播还需要承担帮助主播切换商品、展示商品细节等工作，以保障直播过程的流畅、顺利。因此，副播/助播也应当具备良好的表现力、较强的情绪张力、较快的反应能力，以及丰富的直播经验。

4. 运营专员

运营专员主要负责掌控全场的直播节奏，具体工作包括规划整场直播内容，如确定直播主题、选品、规划开播时间段、确定流量来源和直播运营策略等；运营专员要做好团队协调工作，一方面是外部协调，如组织奖品发放，与仓库部门沟通等，另一方面是内部协调，如协调直播团队的直播时间、解决直播期间出现的问题等；在直播结束后，运营专员还要做好复盘工作，如根据各部门人员的表现，再加上观众数据上的反馈，与前期制订的方案和目标对比参照，进行详细的数据复盘，总结经验，吸取教训，争取下次改进。

5. 直播场控

直播场控的作用是执行直播策划方案，在直播现场协助主播按照方案和计划进行直播，使直播顺利进行。在开播前，直播场控要进行相关软硬件调试。直播过程中，直播场控要负责中控台所有相关的后台操作，如直播推送、公告、商品上架等；直播场控还要实时监测在线人数峰值、商品点击率等数据，发现异常数据时要及时反馈给运营专员；直播场控还负责指令的接收和传达，如果运营专员有需要传达的信息，就要由直播场控传达给主播和副播/助播，让他们去告诉观众。

6. 投放专员

投放专员的主要职责是为直播间引流，同时降低直播间的引流成本。投放专员要控制整个直播间的节奏，根据主播的状态和节奏调整直播间引入的流量。例如，当主播在卖力销售时，此时直播间的在线观众数量很少，投放专员应及时为直播间带来精准的目标观众。

优秀的投放专员要懂得商品市场的人群圈定，具备数据分析能力，往往在高配置直播团队中会专门配置这一职位，而中配置、低配置的直播团队通常由运营专员兼任投放专员的角色。

7. 直播客服

直播客服的主要职责是通过客服管理系统处理观众咨询与投诉，收集和反馈信息，与相关人员进行协调，合理解决问题。在服务过程中与观众进行良好互动，提供让观众满意的服务体验，并对服务过程中有价值的信息点进行反馈，促使产品不断改进和优化。此外，直播客服还负责售后咨询和投诉处理，以保证直播销售业务的顺利进行和有效转化。

↘ 7.1.2 　不同规模直播团队的人员配置

直播团队要根据自己的业务要求和预算高低配置不同规模的人员。直播团队可以分为3人团队和多人团队。

1. 3人团队

个人或商家的预算若不高，可以组建3人团队。这3个人分别是主播、副播和助播。

● **主播：** 主播作为整场直播中主要的出镜人员和内容输出人员，要做好直播前的细节准备和核对，同时在直播过程中把直播前准备的事项充分执行，输出给观众。

● **副播：** 做好直播前的准备工作，在直播过程中配合主播展示商品，并在主播空档期补位，如主播去卫生间、换衣服时，副播要在主播的位置代替主播讲解商品。

● **助播：** 参与直播前的准备工作，在直播过程中对直播间的弹幕进行实时管理，同时运营直播间的商品，如上下架、设置优惠券等，偶尔要协助主播，如提醒主播时间和节奏。

2. 多人团队

当直播间做得越来越好、越来越成熟的时候，直播团队需要更多的观众进入直播间，或者现有的直播团队已经无法支撑直播间长时间直播，这时就需要扩大直播团队的规模。

此时直播团队可以分成3个小组，共包含9个职责。

● **直播组**：直播组由主播、副播和助播组成，其主要任务是主播负责输出、副播负责辅助主播输出、助播管理商品上下架。

● **运营组**：运营组分为直播运营、短视频运营和数据运营。直播运营负责脚本规划、排品布品等；短视频运营负责短视频发布和拍摄等，起到为直播间引流和推广的作用；数据运营负责直播间、短视频的付费投放。

● **场控组**：场控组分为场控、客服和氛围。场控负责管理直播间的节奏、控评等；客服负责处理售后问题、维护粉丝群等；氛围负责提升直播间的氛围，如配合主播营造直播间的促单氛围等。

以上不管哪一组，在直播复盘的时候都要参与。

7.2 搭建与布置直播间

直播间是主播进行直播的场所，搭建与布置好直播间有利于主播更好地展现直播中的精彩内容。搭建与布置直播间主要包括配置直播设备、直播间的环境布置和灯光布置等工作。

↘ 7.2.1 配置直播设备

"工欲善其事，必先利其器"，优质的直播效果离不开专业软硬件设备的支持。在直播之前，我们需要优选直播设备，并将其调试至最佳状态。

直播设备主要有以下几种。

1. 手机

直播对硬件设备的性能要求比较高，因此直播团队要选择配置高、性能好的智能手机。一般来说，选择当季或上一代的旗舰机型是比较合适的。直播通常需要两部手机，一部手机用于拍摄与直播，另一部手机用于助理协助主播管理直播间。

2. 网络设备

为了保证直播画面的流畅性和稳定性，直播团队要使用网速在100Mbps以上的网络设备，以免因为网络速度慢或者网络稳定性较差导致直播画面加载速度过慢，出现画面卡顿。

3. 支架

主播在直播过程中需要一个好的支架，支架不仅可以稳定直播设备，还能够固定直播画面，让观众看到清晰的主播形象。在选择支架时，主播要根据直播设备的型号、重量选择合适的支架，要保证在直播过程中能够稳定支撑直播设备，避免在直播时出现晃动或倒塌的情况。

4. 话筒

话筒主要有电容话筒和动圈话筒，直播时主播一般使用电容话筒，这种话筒的收音效果好，可以减少杂音和爆音。为了更好地保证音质，主播可以选择大振膜的电容话筒。

5. 声卡

声卡负责处理所有声音信号，可以保证直播期间的声音效果，同时可以提供丰富的伴奏和特效声音，帮助主播活跃直播间的气氛。如果选择不好的声卡，会降低整个直播的质量，因此主播要购买一款高质量的声卡。

在选择声卡时，主播首要考虑的是声卡性能，一个好的声卡要有足够多的I/O端口和内存来处理大量数据，同时要注意声卡是否方便使用、易于安装，性能表现是否稳定。

6. 灯光设备

为了调节直播环境中的光线效果，主播需要配置灯光设备。一般来说，一套完整的灯光设备应当包括环境灯、主灯、补光灯和辅助背景灯，其具体功能如下。

● **环境灯**：一般使用顶灯或LED灯，可以提升整体环境亮度，使整个直播间光照均匀，全面无死角。

● **主灯**：一般以棚灯或房间内的射灯为主，是直播间的主要光源，承担主要的照明作用，可以保证主播和商品受光均匀、柔和，使主播和商品看起来更舒服。

● **补光灯**：补光灯可以及时补充光线，保证直播效果；调节拍摄的光线，可以压暗或勾勒轮廓；修饰主播的肤色，让主播的面部看起来更柔和。

● **辅助背景灯**：辅助背景灯可以起到装饰和烘托气氛的作用，能够调节光线，配合其他灯光一起营造出令人满意的直播效果。

↘ 7.2.2 直播间的环境布置

虽然直播间环境的布置并没有统一的硬性标准，主播可以根据自己的喜好进行设计与布置，但总体上还要遵守以下原则。

1. 合理规划直播场地

直播场地是直播中非常重要的因素，恰当的直播场地可以带来稳定的直播效果，提升观众的观看体验。

直播场地分为室内直播场地和室外直播场地。大部分的直播间是室内直播场地。常见的室内直播场地有办公室、会议室、工作室、门店、住所等。

室内直播场地的空间大小要适宜，且隔音效果要好，以免杂音干扰，还要有较好的收音效果，以免在直播中产生回音。室内直播场地的光照要充足，保证直播画面的真实感和美观度。如果直播场地比较阴暗，就要借助灯光设备补充光线，提升直播画面的效果。

2. 保持直播间的干净与整洁

大部分主播不会准备专门的直播间，而是选择在家或者寝室进行直播。无论选择何处作为直播间，直播间都要保持干净、整洁。在开播之前，主播首先要将直播间整理干净，把各种物品摆放整齐，创造一个干净、整洁的直播环境。

3. 根据直播内容定位直播间的整体风格

在布置直播间前，主播要从直播的类型入手，明确这个直播间是作为展示才艺的直播间，还是作为电商带货的直播间，然后根据直播内容定位直播间的整体风格。

4. 直播间的环境布置要与主播格调一致

这里所说的主播格调指的是主播的妆容、服装风格等。如果直播间内的环境布置能够与主播的妆容、服装风格保持一致，就能让直播画面在整体上看起来和谐、统一，给观众带来浑然一体的感觉。

5. 利用配饰做适当的点缀

一些别具一格的配饰点缀可以增加直播间的活力，同时也可以让观众对主播有更多的了解，找到更多的话题。例如，主播可以在置物架上放置一些自己喜欢的书籍、玩偶、摆件等。这样不仅能够增加直播间的活力，还能突出主播的品位和个性特征。在摆放配饰时，主播要合理安排配饰摆放的位置，切勿让直播间显得过于杂乱。

6. 背景布放置的距离要合适

质量上乘的背景布配上合适的灯光，能够形成很好的立体效果，让直播间背景达到以假乱真的程度。在直播间内使用背景布时，背景布与主播之间的距离要合适，若距离太近，会让人感觉背景对主播有一种压迫感；若距离太远，则会让背景显得不真实。

↘ 7.2.3 直播间的灯光布置

在直播间的环境布置中，直播间的灯光布置也非常重要，灯光不仅可以营造氛围，塑造直播画面风格，还能美化主播容貌。

直播间内用到的灯光可以分为主光、辅助光、逆光、顶光和环境光。不同的灯光采用不同的摆放方式，其创造出来的光线效果也不同。

1. 主光

在直播画面中，主光是主导光源，它决定着画面的主调。同时，主光是照射主播外貌和形态的主要光线，是灯光美颜的第一步，可以让主播的面部均匀受光。因此，在直播间布光时，只有确定了主光，才能确定是否添加辅助光、背景光和轮廓光等。

主光应该正对着主播的面部，与视频摄像头上的镜头光轴呈0°～15°角。这样会使主播的面部受光均匀，并使面部肌肤显得柔和、白皙。

主光的灯位可以放置在能在鼻子下制造出对称的阴影，而不会在上嘴唇或者眼窝处制造太多阴影的位置。由于主光是正面光源，不会在主播的脸上产生阴影，所以会让视频画面看上去比较平板，缺乏立体感。

2. 辅助光

辅助光是从主播侧面照射过来的光，能够对主光起到一定的辅助作用。使用辅助光能够增加主播整体形象的立体感，让主播的侧面轮廓更加突出。

辅助光要放在距离主播两侧较远的位置，让主播五官更立体的同时也能照亮周围大环境阴影。它距离主播比主光更远，所以只是照亮阴影而不是完全消除阴影。在调试辅助光时，需要注意光线亮度的调节，避免因某一侧的光线太亮而导致某些地方曝光过度，而其他地方光线太暗。

3. 逆光

逆光又称轮廓光，通常放置在主播的身后，能够明显地勾勒出主播的轮廓，使主播的主体形象更加突出。在布置逆光时，要注意调节光线的亮度，如果逆光的光线过亮，就会让主播前方的画面显得昏暗。

4. 顶光

顶光从主播的头顶位置进行照射，能够让主播的颧骨、下巴、鼻子等部位的阴影拉长，使主播的面部产生浓重的投影感，有利于塑造主播的轮廓造型，同时能够强化主播的瘦脸效果。顶光距离主播的头顶最好在2米以内。

5. 环境光

环境光又称背景光，是主播周围环境及背景的照明光线，其主要作用是烘托主播的主体形象或者渲染气氛，呈现均匀的灯光效果，因此在布置环境光时要采取低亮度、多光源的方法。

7.3 主播打造与能力提升

在竞争激烈的直播行业，主播只有不断提高自身的专业能力，才能在这个行业有立足之地，否则只会被市场淘汰。

7.3.1 打造主播IP

一个成功的IP可以增强主播的辨识度，深化观众对主播的认知及信任感。当主播被贴上标签，并与标签融为一体时，主播便拥有了属于自己的IP。

主播要想打造个人IP，可以从以下3个维度出发。

1. 直播内容和价值观

直播内容和价值观是打造成功个人IP的核心。优质的直播内容是吸引观众，将普通观众变为忠实观众的关键因素。内容价值是不变的王道，主播能够为观众提供多大价值的内容，就能吸引多少观众。而价值观是要融入直播内容中的，它是直播的灵魂。直播内容的打磨和价值观的构建并不是一蹴而就的，它需要主播慢慢地钻研。

2. 风格化的话术

颇具个人特色的直播话术有利于为主播赢得更多的机会。总结直播话术的方法就是多听、多练、多总结，通过解构其他主播直播话术的逻辑，分析其切入话题的方式，以及说话的动作、语气、节奏甚至眼神等，从中汲取经验。

3. 自我人设的塑造

直播要想树立良好的个人IP，就要有清晰的人设辨识度。主播可以从以下几个角度出发来塑造自我人设。

● **分析自身优势**：主播可以从硬件和软件两个方面来分析自身的优势。硬件优势是指自身在一定时间内难以改变的条件，如身高、性格、外貌等；软件优势是指可以通过后天学习获得的优势，如某种才艺、某种专业技能等。

● **分析人设的合规度**：人设的合规度是指主播不能触犯法律法规，不能做有违法律、道德的事情。

● **分析人设的辨识度**：主播在塑造自我人设时，要对其他同类主播的人设进行分析，分析他们的人设有什么特点，从对比中寻找自身人设的优势，从而提升自身人设的辨识度。

● **预估人设的变现能力**：主播可以通过是否具备带货能力、是否具有产生商务价值的潜力两个方面来对人设的变现能力进行预估。

↘ 7.3.2　塑造主播的形象

作为公众人物，主播不仅代表自身的形象，还代表其直播间的形象。因此，主播需要做好自身形象的设计，以提升直播内容的视觉效果。

1. 主播的着装

在人际交往中，首先给人以最直接的视觉感受的就是着装，得体的着装能够在无形中增加主播的个人魅力。

在网络直播中，主播的着装要以自然、大方、整洁、得体为原则，不能过于随意。具体来说，主播在选择直播服装时需要考虑以下三个方面。

● **自身条件**：主播选择的服装应当符合自身的个性特征，适合自身形体、年龄等特点，并能展现自己特有的风格。

● **直播内容**：主播要结合直播的内容、场景等来搭配服装，以体现直播画面的和谐和整体之美。例如，若直播内容与艺术表演相关，主播可以选择穿着演出服。

● **观众观感**：从观众观感的角度来说，主播的着装要文明、大方，切忌过于暴露，要做到礼貌、得体，营造健康的网络环境。

2. 主播的妆容

化妆不仅体现了主播对个人形象的重视，还体现了主播对观众的尊重。主播在化妆时需要坚持的一个基本原则就是大方、得体。

对于销售美妆类商品的直播来说，主播的妆容可以适当夸张一些，这样做是为了更好地体现美妆类商品的使用效果。而对于其他类型的直播来说，主播化妆时要考虑观众能否接受，不要为了追求视觉上的冲击和刺激而采用一些怪异的妆容，这样很可能会弄巧成拙，甚至会引起观众的强烈反感。

↘ 7.3.3　准备直播话术

在网络直播中，语言是主播思维的集中体现，与主播的外在形象相比，语言更能体现其修养和气质。要想成为一个被观众推崇的主播，主播就要会说话，让观众在观看直播、与主播互动的过程中感觉到主播的亲切与友善。

在网络直播中，主播和观众的互动主要体现在双方的对话上。在与观众对话的过程中，主播的表现不能过于怯懦或强势。

主播与观众说话时，不仅要懂得如何去说，还要懂得如何去"听"，仔细"听"观众的回馈或反应，才能确定观众有没有在听自己说话，以及观众是否真正明白自己说的话。这里的"听"是指认真查看观众的留言，或者与观众连线时倾听观众的意见。主播通过"听"也可以了解到观众关心、愿意讨论的话题。

主播说话用词要得体，语言表达方式要灵活，为了提升直播间的氛围，很多主播会在直播的过程中讲一些玩笑话来引起观众的兴趣。但是，在开玩笑时，主播要注意说话的分寸，把握好尺度。

主播平时可以积累一些直播话术，这对直播来说很有帮助。下面列举几种主播常用的直播话术。

1. 开场话术

主播在直播开场时首先要进行自我介绍，精彩、得体的自我介绍有利于加深观众对主播的印象，自我介绍时态度要真诚，表明自己的身份，如"欢迎大家来到我的直播间，我是一名带货主播，入行没几天，还有很多要学习的地方，一开始直播就能获得大家的关注，十分感谢，有做得不好的地方还请见谅，我也会慢慢改正，有你们的支持，我相信自己肯定会越做越好"。

关注量是衡量主播价值的一个重要指标，它决定着主播的受欢迎程度，所以主播在开场时要积极与观众互动，积极引导观众来关注自己，如"欢迎大家来到我的直播间，喜欢主播的可以在上方点个关注，点一点小红心"。

在电商直播中，主播要在开场就说明直播主题，告知观众可以获得的利益，如福利、价格优惠等，以刺激观众的购买欲望，如"只要今晚在本直播间下单，就可获得一款精美的礼品。本场直播还会提供价格优惠，而且服装都是大品牌，正品质量保证，版型正，非常值得入手。希望大家不要错过这个难得的机会"。

2. 互动话术

主播要在直播间与观众积极互动，这主要体现在以下两个方面。

（1）及时回答观众的问题

及时回答观众的问题可以让观众感受到主播的贴心，若观众询问"这件衣服我穿着合身吗"，主播可以回复"我的身高是160厘米，体重52千克，穿S码，我身后的信息牌上面有对应的尺码信息，您可以看一下，选择合适的尺码下单"。如果观众反复提出类似的问题，主播也不能拒绝或发火，而是要态度真诚、耐心地回答问题。

（2）引导观众互动

主播可以使用多种方式来引导观众互动，常见的引导方式有提问式、选择式和刷屏式。

● 提问式：主播向观众提出问题，问题的答案只能是肯定的或否定的，观众只需用几个字就可以表明观点，如"大家见过这种类型的零食吗"。

● 选择式：主播向观众抛出选择题，观众只需输入特定的代号即可表明观点，参与互动，使主播快速获得反馈信息，如"想要第一款商品的在评论区打出'1'，想要第二款商品的在评论区打出'2'"。

● **刷屏式：** 主播引导观众参与互动并发言，使观众的反馈信息布满整个评论区，这样新进入直播间的观众可以感受到直播间的活跃并产生对直播内容的好奇心，如"请大家打出'想要'两个字，我看看有多少人想要这款商品，要的人多的话，我马上上架这款商品"。

3. 商品介绍话术

商品介绍话术是指主播在展示商品的过程中介绍商品优势和卖点的话术。商品介绍话术是直播中最能影响转化率的话术。主播在介绍商品时可以使用FABE法则。

● **属性（Feature）：** 介绍商品的材质、成分、工艺、采用的技术等，如"这个品牌的洗地机采用了恒压活水清洁系统，可以一边洗地一边挤干污水"。

● **优势（Advantage）：** 由该商品属性决定其所具有不同于竞品的特色，如"它的优点是洗地高效，始终用清洁的活水清洗地面，地面越洗越干净"。

● **益处（Benefit）：** 由属性和优势决定，指该商品可以给观众带来的利益，如"以前没有采用恒压活水技术的洗地机，滚刷无法挤干污水，喷不均匀，吸不干净，挤不干，地越擦越脏，人越干越累，影响心情。如今使用这款洗地机后，轻轻松松完成家务，可以有大把的时间用来休闲、学习，提高了生活质量"。

● **证据（Evidence）：** 证据主要有成分列表、专利证书、商品实验、销量评价、行业对比、权威背书等，如"接下来我就在现场给大家演示一下使用这款洗地机清洁地面的效果（演示中），好了，大家应该看到这款洗地机的清洁效果了，非常干净，而且我使用的时候丝毫不费力，把这一大块地方清洁干净只用了不到1分钟"。

4. 促进成交话术

很多观众在长时间观看带货直播后，还是没有消除心中的疑虑，犹豫不决，迟迟不做出下单的动作，主播要想打消观众的疑虑，引导观众购买商品，要做好以下几个方面。

● **增强信任感：** 主播要向观众提供商品的各项证明，使观众了解商品的品质和口碑，增强对商品的信任感，如"这款玩具销售火爆，目前我们已经卖出10万件，好评率达99%，我们的网店评分为4.9分，所以您大可放心购买"。

● **介绍价格优惠措施：** 优惠的价格可以突出商品的高性价比，激发观众的购买热情，如"这款商品今天在直播间6折促销，请大家抓紧购买，不要错过好机会"。

● **进行价格对比：** 主播要善于为商品设置价格锚点，用对比价格影响观众对商品价格的评估，如"天猫旗舰店的价格为79.9元1瓶，今天晚上我给大家的价格是买2瓶直接减80元，相当于第1瓶79.8元，第2瓶不要钱，我再送大家1瓶雪花喷雾，这1瓶也要卖79.9元的"。

5. 直播结束话术

在结束直播时，主播要礼貌地向观众说明直播要结束了，感谢观众的观看和支持，并积极引导观众关注自己，如"感谢大家的支持，主播马上就要下播了，喜欢主播的朋友可以点一点关注，这样明天主播开播时大家就能第一时间收到提醒了，明天一定要来看我啊"。

主播要预告下一场直播的时间、主题和福利，甚至直接告知观众某款商品的具体上架时间，如"朋友们，我马上就要下播了，下次直播我会带来大家都十分想要的××牌湿巾，优惠力度特别大，大家不要忘了明天晚上8点准时来我直播间哟"。

↘ 7.3.4　提升主播的心理素质

一名出色的主播要有过硬的心理素质，若主播没有良好的心理素质，很容易被打击得灰心丧气。因此，主播要提升自己的心理素质。一般来说，主播需要提升以下心理素质。

1. 自信

很多主播在做直播时总担心自己播不好，要么担心自己上镜不好看，要么担心自己的直播不被观众喜欢。如果主播缺乏自信，就容易产生各种各样的顾虑，随之而来的就是对直播的焦虑和慌乱。在很多情况下，焦虑和慌乱只会让错误出现的概率更高。因此，主播要保持自信，即使出错也要冷静对待，巧妙地予以解决。

2. 尽职

新手主播都会遇到直播无人观看或者只有很少人观看的情况，这是非常正常的。一些新手主播长时间面对这种情况很容易产生失落、懈怠的情绪，以至在直播时敷衍了事、得过且过，这样做只会让情况变得更加糟糕。

人们无论做什么事情都应该以一种负责任的态度去坚持，做直播也不例外。即使直播间里只有一个人，主播也要尽职尽责，这既是对自己负责，也是对观众负责。新手主播可以暂时没有丰富的直播经验，但要有敬业的直播精神，用真诚的态度来对待每一场直播。

3. 乐观

主播要时刻保持乐观的心态，不必过分关注观众对自己的负面评价，因为众口难调，谁也不能保证自己能够得到所有人的认可，千万不能因为受到个别观众的言语攻击就影响做直播的心情。

主播在直播完后应该多想一想，为什么会有人觉得自己的直播内容不好，是对方主观原因导致的，还是自己真的有什么地方需要改进，要找到造成对方给出消极评价的原因并及时改进，而不是过度纠结消极评价给自己造成的伤害。

在直播过程中，主播还可能会遇到各种各样使自己不舒服甚至难过的事情，但无论在直播中发生什么，主播都应该以乐观的态度去积极对待。

↘ 7.3.5　应对突发事件

直播时会出现很多不可控的因素，所以主播要在前期做好工作标准化管理，准备好应急方案，降低直播风险。同时，主播也要做好心理准备，灵活应对直播时的一切突发事件。

常见的直播突发事件有以下几种，主播要根据具体情况做出恰当处理。

1. 没有声音

在只有画面没有声音的情况下，主播只能在视觉和画面上想办法吸引观众注意，让他们继续留在直播间，同时让团队其他成员抓紧解决问题。

● 借助道具，例如做活动的纸板，上面一般会标明优惠信息"今晚半价，给直播间粉丝来一波福利"。

● 借助纸笔，直接用笔在A4纸上写字，和粉丝交流互动。

● 在电子屏上写字，相对于使用纸笔写字互动，在电子屏上写的字比较大，能让观众更直观地看到。

● 幽默风趣地表演哑剧，逗乐观众，活跃直播间的气氛，转移观众对直播没有声音的注意力。

2. 直播中断

造成直播中断的原因有很多，一是网络不稳定，二是出现违规内容被平台处罚。主播要先检查直播间所使用的网络，如果网络不稳定，主播就要将直播间换到网络稳定的区域；如果网络稳定，可能是直播中出现违规内容，被平台处罚，主播要登录直播间账号进行确认，然后根据具体情况寻找解决方法。

3. 画面卡顿

造成直播画面卡顿的原因有很多，如硬件设备配置太低，软件版本太低；网络服务器信号传输出现问题，遇到这些情况，主播要及时更换配置更高的硬件设备，更新软件版本，更换网络设备，以保证直播正常进行。

4. 商品链接出问题

商品链接出问题是指在直播过程中，上架至直播间的商品链接出错、失效，或者是商品链接中的价格、优惠券标注错误等。遇到这种情况，主播要先将商品下架，告知观众不要购买，并向下单购买的观众致歉，为他们办理退款。

主播还要与品牌方沟通，修改商品链接，待商品链接修改好后重新上架，并告知观众现在可继续下单购买。如果商品链接无法及时修复，主播可以直接将商品下架，并向观众解释原因，表示歉意，并继续后面的直播。

5. 直播间氛围较差

有时候直播间的氛围会出现一些问题，观众不断地发牢骚，表示不满，直播的秩序出现混乱。导致这一现象产生的原因有很多，主要包括以下几个方面，主播可以采用相应的措施来解决问题。

● **商品价格与承诺不符**：这种情况多是因为观众未正确领取优惠券或使用红包导致的。主播可以再次向观众解释如何领取和使用优惠券、红包才能以直播间标明的价格购买商品，并展示领取和使用优惠券、红包的方法。

● **观众情绪不佳**：直播现场出现任何消极互动都有可能导致观众情绪波动，直播氛围不融洽。有经验的主播通常会以简短的几句话解释情况，安抚观众的情绪，然后以专业的态度迅速投入对商品的介绍中，有时还会用发红包、抽奖等形式转移观众的注意力。

● **主播态度不好**：有时由于主播没有及时回复消息，或者主播的态度不太好，观众会十分不满，主播在察觉到这一点后要耐心解释，同时加强与观众的互动，以获得观众的谅解。

● **观众故意扰乱**：有时观众会在直播间恶意辱骂、讥讽主播，扰乱直播间，主播切忌与对方对骂，而是保持心平气和，把对方拉黑或禁言。如果情况特别严重，可以联系官方平台处理。

7.4　直播活动执行

做好前期准备工作后，主播要根据直播策划方案的要求执行直播活动。主播要了解直播运营的必要步骤，深谙观众心理，精准把控直播活动的各个环节和细节，从而保证直播活动取得满意的效果。

↘ 7.4.1　直播活动的基本流程

直播活动一般包括四个阶段的工作，分别是筹备直播工作、实施直播活动、扩大直播影响和复盘直播数据。

1．筹备直播工作

筹备直播工作是直播活动顺利进行和达成直播目标的关键，只有落实好各项筹备工作，才能确保直播间的各项活动按照计划进行。筹备直播工作一般包括确定直播内容、做好预热宣传、配置直播资源、撰写直播脚本等方面。

2．实施直播活动

实施直播活动即直播活动的执行，一般包括开场、过程和收尾三个环节。过程又包括商品介绍和促进下单转化两个环节。

● 开场是让观众快速了解该场直播的内容、形式、组织者等信息，引起观众的观看兴趣。

● 过程一方面要引导观众对直播本身产生兴趣，另一方面要提升观众对直播间展示的商品或服务的兴趣，提高下单转化率。

● 收尾要使观众接受直播过程中传达的观点，接受企业品牌的文化和理念，提高企业或品牌的知名度。

3．扩大直播影响

直播结束并不意味着整个直播活动的结束。为了使直播活动效果最大化，在直播结束后，主播可以借助其他平台将直播片段和销售数据做进一步的宣传推广，同时在直播结束后维护好直播粉丝，增强粉丝黏性。

4．复盘直播数据

复盘是指将整个直播活动重新梳理一遍，对筹备直播工作、实施直播活动、扩大直播影响等环节进行经验总结，以免下次直播活动出现同样的错误。复盘一般包括分析直播数据和总结直播经验两个环节。

↘ 7.4.2　直播的推广引流

直播的推广引流可以分为直播前的预热引流、直播过程中的推广和直播后的推广。

1. 直播前的预热引流

直播前的预热引流可以利用的平台包括短视频平台、社交平台、店铺主页等。

（1）短视频平台

主播一般要在开播前3个小时发布短视频进行预热引流。短视频预热主要有5种方式，包括内容植入、曝光福利、真人口播、直播切片、账号主页。

● **内容植入**：主播可以在短视频结尾植入预告信息，使观众在观看短视频时很自然地了解到直播的时间和直播主题，从而留下深刻的印象，如图7-1所示。

● **曝光福利**：主播可以在短视频中通过曝光福利来激发观众的兴趣和好奇心，使其在预定的时间进入直播间，如图7-2所示。

● **真人口播**：主播可以在短视频中真人出镜，向观众口播具体的开播时间和直播主题，如图7-3所示。

图7-1　内容植入　　　　图7-2　曝光福利　　　　图7-3　真人口播

● **直播切片**：切片是指将录制的直播回放切割剪辑成各种短视频，在各平台分发。主播采用直播切片的形式，将上一场直播中发生的有趣场景截取出来，做成短视频发布，使观众对下一次直播产生兴趣，如图7-4所示。

● **账号主页**：主播可以在短视频账号的个人主页、账号昵称和账号简介处编辑直播预告，向观众告知直播时间和直播主题。例如，某抖音主播在自己的抖音账号简介中添加直播时间"中午1点直播"，告知粉丝自己的具体直播时间，如图7-5所示。主播还可以在账号主页设置并修改直播公告，当观众访问账号主页时，能随时在直播动态栏看到直播公告，并进行预约。

（2）社交平台

常用的社交平台包括微信和微博。

● **微信**：主播可以通过微信跳转功能为直播间引流。主播将直播间的链接或口令分享到微信群或朋友圈，引导观众复制链接或口令，当其打开特定的直播平台，即可直接进入直播间；主播也可以在朋友圈发布直播预告，宣传直播间、直播时间和直播主题，让观众在特定时间去相应的平台观看直播；主播还可以在微信公众号上以长文案的形式发布直播预告，清楚地说明直播时间、直播主题。例如，乐天陶社就在其微信公众号上发布直播预告，告知具体的直播时间、直播平台、直播地点，如图7-6所示。

图7-4 直播切片

图7-5 账号主页

图7-6 在微信公众号发布直播预告

● 微博：微博作为一个主要的社交媒体平台，其用户体量大，信息的覆盖范围广、传播力度大。主播可以在微博上发布直播预告，将直播时间、直播主题、直播的亮点告知粉丝，凭借微博的裂变式传播，快速扩大直播间的声量。例如，花西子就在官方微博上预告直播的时间、主题和商品，如图7-7所示。卡姿兰在官方微博上预告直播时间、直播间福利，如图7-8所示。

图7-7　花西子直播预告

图7-8　卡姿兰直播预告

（3）店铺主页

主播如果有自己的店铺，可以在店铺主页添加直播预告，告知观众下一次直播的准确时间。这种直播预热方法一般用于淘宝直播。

2. 直播过程中的推广

直播过程中的推广分为两种方式，一种是免费方式，另一种是付费方式。

（1）免费方式

免费方式是指主播在直播时将直播间分享到各大平台，多渠道展现直播间，或者增加与观众的互动，号召观众转发并分享直播间，以提升直播间的人气。

（2）付费方式

如果直播间的人气不高，主播可以进行付费推广。抖音或快手主播可以使用"上热门"工具，根据实时数据选择定向投放，以增加直播商品的曝光率。直播加热方式有两种，分别是直接加热直播间和选择视频加热直播间。主播尽量使用直接加热直播间这一方式，其优势在于观众进入直播间以后无法进行上滑操作，只能点击"关闭"按钮才能返回推荐界面，这就提升了观众的转化率。

淘宝主播可以使用直通车推广、钻展推广和超级推荐推广三种付费推广方式，如表7-1所示。

表7-1 淘宝直播付费推广方式

推广方式	说明
直通车推广	使用直通车推广时，观众点击创意图片后就会进入直播间，而且在创意图片上会显示"直播中"和"广告"的标识
钻展推广	钻展又称钻石展位，在淘宝直播中，钻展是最早能进行直播推广的工具，收费方式为竞价排序，按照展现量收费，展现次数越多，收费越多，如果不展现则不收费。钻展的资源位有手机淘宝首页焦点图和直播精选信息流，适合想进行品牌传播或有大型活动的店铺使用
超级推荐推广	超级推荐的主要付费方式为按点击扣费（Cost Per Click，CPC），即每产生一次点击所花费的成本，也就是说，只要不点击，就不扣费，其优势在于成本可控

3. 直播后的推广

直播后的推广属于直播内容的二次传播，一般使用短视频、软文等方式进行推广。

（1）短视频

主播可以把录制的直播画面进行整理，删除没有价值的画面，选取关键的直播画面做成短视频，为短视频添加旁白、解说，这些关键的直播画面可以是有趣、温暖人心、有意义的内容，在发布时可以选择主流短视频平台或社交网络。

（2）软文

主播可以在软文中详细描述直播活动的细节，并发布在社交网络上，用图文描述的形式向观众分享直播内容。软文内容可以从分享行业资讯、观点提炼、分享主播经历、分享体验和分享直播心得等角度来切入。

↘ 7.4.3 管理直播观众

直播的核心是人，主播要积极与粉丝互动，在吸引粉丝关注后要加深粉丝对自己的信任，增强粉丝的黏性。这就要求主播采用以下方法来管理直播观众。

1. 引导观众加入粉丝群

在抖音或快手等平台上，引导观众加入粉丝群的方式主要是加粉丝团。粉丝团是粉丝和主播的专属组织，是证明粉丝与主播关系的重要功能。加入主播的粉丝团，粉丝可以受到主播更多的关注。

观众首先要关注主播成为粉丝，然后点击左上角的粉丝团按钮 ![] （见图7-9），点击"加入粉丝团"（见图7-10），支付入团费用后即可加入主播的粉丝团。

由于加入粉丝团需要付费，主播在引导粉丝加入粉丝团时要重点强调并提供远超粉丝团入团费用的商品福利。

除了物质上的福利外，加入粉丝团后的精神福利也很重要，如拥有专属粉丝徽章，聊天时展示特殊的昵称颜色，可以发送特殊样式的弹幕，拥有特殊的进场特效，可以获得粉丝团专属福利，能够参与粉丝福利购，提出的问题会被主播优先解答等。

图7-9　点击🥚按钮

图7-10　点击"加入粉丝团"

2. 设置粉丝等级

不管是加入抖音或快手的粉丝团，还是关注淘宝主播账号，平台都设置了相应的粉丝等级，粉丝要想提升自己的等级，就要按照平台规则进行某些操作，达成某些条件。例如，淘宝主播的粉丝可以通过每日签到、观看直播、加购商品、浏览商品详情页、点赞、评论、分享、购买商品、查看主播主页和关注主播等操作获得亲密度分值，达到特定的亲密度分值就可以解锁相应的粉丝特权，如专属红包、专属铭牌、专属礼券、进场特效等。这些粉丝团特权会激励粉丝每天完成特定任务来获取亲密度，从而达到提升直播间人气、增强粉丝黏性的目的。

3. 创作优质内容

主播在运营粉丝群的过程中要不断创作并向粉丝分享优质内容。例如，某主播主营婴幼儿奶粉，其目标受众为新生儿父母，她在粉丝群内每天定时发布一些与奶粉相关的知识，时间一长，粉丝就形成了阅读习惯，同时增加了对主播的信任感。

4. 与粉丝积极互动

主播把粉丝引流到粉丝群后，要经常与粉丝互动。互动的方法主要有发起话题、抽奖和举办粉丝活动。

● **发起话题**：主播可以发起容易引起讨论、使人产生共鸣的话题，如情感和热点事件等，使粉丝积极地参与讨论。

● **抽奖**：主播可以经常在粉丝群内进行抽奖，让粉丝一直有一种期待感和参与感。

● **举办粉丝活动**：主播可以定期举办一些粉丝活动，包括线上活动和线下活动，以提高粉丝的参与感。定期举办粉丝活动会形成自己的特色，为品牌推广赋能。

↘ 7.4.4　直播复盘与数据分析

直播复盘是直播运营中的关键环节，主播可以通过复盘来回顾并优化直播的整个过程，总结直播中的经验与不足，并在下一次直播中针对发现的问题做出改进，以获得更好的直播效果。

直播数据是对直播效果最真实的反映，所以直播复盘时最主要的工作就是分析直播数据，根据直播数据反映的情况找到问题的根源并做出改进。

要想进行数据分析，主播首先要明确数据分析的目标。数据分析的目标主要有：找出数据波动的原因，数据上升或下降都属于数据波动，因此不能只分析数据下降的原因；找到止跌或提升的方案，优化直播内容；通过数据波动规律推测平台推荐机制，然后从推荐机制出发对直播内容进行优化。

明确数据分析目标后，接下来就要获取足够的数据。获取直播数据的渠道主要有直播账号后台及第三方数据分析工具，如灰豚数据、蝉妈妈、飞瓜数据等。

获取数据之后，接下来就是分析直播数据。直播数据分析的主要指标有流量数据、互动数据、粉丝数据、商品数据、交易数据等。

流量数据包括如表7-2所示的5个细分指标。

表7-2　流量数据指标及其说明

流量数据指标	说明
累计观看人次	累计观看人次是指累计进入该直播间的次数，又称场观或页面浏览量（Page Views，PV），该数据能反映这场直播在哪个流量层级
累计观看人数	累计观看人数是指累计进入该直播间的人数，又称独立访客数（Unique Visitor，UV）。该数值越大，在一定程度上说明该直播间的观众黏性就越强，即使观众离开也会再次回到直播间
最高在线人数	最高在线人数是指本场直播最高的同时在线人数，主播可以对应分析此刻运用了哪些运营手段
平均在线人数	平均在线人数是指本场直播平均每分钟的在线人数，与最高在线人数对比，如果差距较大，说明直播间的流量承载力不稳定，流量不精准
平均观看时长	平均观看时长是指本场直播平均每个观众的观看时长，时长越长，代表直播间整体内容越吸引人，观众的黏性越强

互动数据包括如表7-3所示的2个细分指标。

表7-3　互动数据指标及其说明

互动数据指标	说明
互动率	任意一个互动行为指标/累计观看人数都可以得出互动率，能反映观众的参与度，直观的表现为直播间是否热闹，一般以直播间评论数/累计观看人数作为参考值
转化率	单场直播新增粉丝数/累计观看人数可以得出转化率，该数据能反映直播间的整体内容是否有价值，也能反映粉丝增长的潜力

粉丝数据包括如表7-4所示的2个细分指标。

表7-4　粉丝数据指标及其说明

粉丝数据指标	说明
粉丝UV占比	粉丝UV占比是指进入直播间的总人数中粉丝的占比。粉丝UV占比较高，说明直播主题与内容迎合了粉丝的需求与喜好，前期预热和私域运营产生了较好的效果；反之，则说明这场直播没有吸引太多粉丝关注
粉丝互动率	粉丝互动率是指参与互动的粉丝数量在粉丝UV中的占比，该数据能反映有多少粉丝在直播过程中与主播发生互动，如点赞、评论、转发、购买等

商品数据包括商品曝光人数和商品点击人数2个细分指标。商品曝光人数越多，说明观众对商品越感兴趣；商品点击人数越多，说明观众下单欲望越强。

交易数据包括如表7-5所示的7个细分指标。

表7-5　交易数据指标及其说明

交易数据指标	说明
成交人数	当天支付成功的汇总去重人数，成交人数越多，说明直播间整体转化能力越强
直播期间累计成交金额	直播期间累计成交金额是指直播期间全渠道关联店铺商品的商品交易总额（Gross Merchandise Volume，GMV），能反映最终整体的成交转化结果
千次观看成交金额	该数据可以通过公式"GMV×1000/累计观看人次"得出，能反映每千次观看带来的成交金额，在一定程度上代表了流量转化率
UV价值	UV价值是平均每个观众给直播间贡献的成交金额，数值越大，说明观众贡献的价值越大，在一定程度上反映了观众质量和目标观众的精准程度
客单价	GMV/成交人数可以得出客单价，该数据能反映平均每个观众的成交金额，数值越大，说明观众的质量越高，越有购买力
投入产出比	投入产出比（Return on Inrestment，ROI）由公式"成交金额/投放成本"得出，用于衡量付费投放的效率，数值越大，说明投放效率越高
成交率	成交率是指成交人数和总UV之比。尽管直播间商品的价格各不相同，但成交率可以在一定程度上反映一场直播的最终效益，能体现一场直播的带货效果

7.5　直播流量变现

作为一种新兴职业，主播直播的目的大多是实现流量变现，获得盈利。目前，直播流量常见的变现模式是直播带货、内容付费、赞赏变现、广告变现、签约MCN机构等。主播要从自身特点与自身能力出发来选择适合自己的变现模式。

↘ 7.5.1 直播带货

直播带货的模式是通过直播吸引人气，依靠直播聚集人气和流量，当主播的人气和流量积累到一定的地步，如同名人为商品做广告代言一样，主播在直播中就可以销售或推广商品进行变现。

常见的直播带货模式有以下几种。

1. 直播分享商品

目前，一些直播平台开通了直播分享商品功能，帮助主播拓宽内容变现渠道。主播在直播平台开通商品橱窗展示功能，或者在直播平台开设小店后，可以在商品橱窗或小店中上架商品，观众在观看直播时可以看到商品链接，通过点击链接即可跳转至商品购买界面，如图7-11所示。

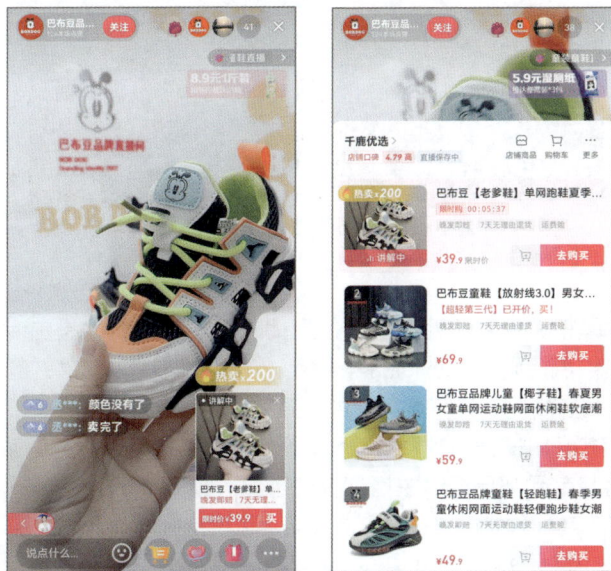

图7-11 直播分享商品

2. 产地直播模式

产地直播模式是指主播将直播间搬到线下的商品生产基地、果园等场地进行现场直播，向观众展示商品的生产环境、生产过程等。

在推广和销售农副商品的直播中，主播可以在自然环境中展示商品真实的样貌，观众通过主播的镜头能够看到蔬菜、水果、手工品等商品的生产或制作流程，从而产生购买兴趣，如图7-12所示。

3. 达人模式

达人模式是指主播对某个领域有着非常深厚的专业认识，对该领域内的商品信息也了如指掌，并在该领域具有较高的影响力，是该领域中商品消费的意见领袖，主播通过直播的形式向观众推广该领域的商品。

在达人模式中，观众通常对主播有着较高的信任度，对其推荐的商品认可度较高，愿意购买这些商品，所以主播推荐的商品可以获得非常好的转化率。

图7-12　产地直播模式

4．基地走播模式

基地走播模式是指主播到直播基地进行直播。很多直播基地是由专业的直播机构建立的，能为主播提供直播间、挑选商品等服务。在供应链比较完善的基地，主播可以根据自身需求在基地挑选商品，并在基地提供的直播间中进行直播。

基地搭建的直播间和配置的直播设备大都比较高档，所以直播画面效果也比较理想。同时，由于这些商品都是经过主播仔细筛选的，所以比较符合自己直播间观众的需求，而且基地提供的商品种类非常丰富，主播不用担心缺少直播商品。

一般情况下，在基地进行直播时，主播把商品销售出去后，基地运营方会从中抽取一部分提成作为基地服务费。

5．直播间定制模式

直播间定制模式就是主播根据观众提出的需求，采取原厂委托设计（Original Design Manufacture，ODM）生产模式或原厂委托制造（Original Equipment Manufacture，OEM）生产模式推出直播间特有的商品款式，从而吸引观众购买。

直播间定制模式有利于保证商品的品质，能够更好地满足观众的个性化需求，但这种模式的操作难度较大。

↘ 7.5.2　内容付费

目前，市场上的直播模式多种多样，优质内容付费的直播模式逐渐流行起来。内容付费变现就是指观众支付一定的费用后才能进入直播间观看直播。采取这种变现模式，主播或直播平台需要具备三个条件：直播的内容质量较高、有一定数量的粉丝、粉丝的忠诚度高。

与其他变现模式相比，内容付费变现模式具有以下优势。

（1）有利于增强观众黏性

在信息时代，由观众自己认可并为此支付过一定费用的直播内容，其观众留存和黏性都远远超过普通的免费直播内容。

（2）变现收入比较稳定

内容付费变现模式的观众人群较为稳定，大多是愿意为优质直播内容付费的人，他们观看直播的目的非常明确，就是为了学习，所以主播要创作出适合目标观众需求的优质直播内容。由于高质量直播内容不断沉淀与积累，观众愿意长期为优质直播内容付费。同时，优质直播内容还会刺激观众自主转发与分享，扩大优质直播内容的影响范围，拓展优质直播内容的盈利渠道。

由此可见，内容付费变现模式具有长尾效应，而长尾效应是保证主播收入稳定的主要因素之一。

（3）有利于形成正向循环

主播创作的直播内容的质量越高，吸引的付费观众就越多，而观众愿意为直播内容付费也是对主播的认可，能够对主播给予正向激励。在正向的反馈循环下，有利于促进网络直播生态的健康发展。

目前，比较常见的内容付费变现模式有三种类型。

（1）先免费再付费

对于有着优质内容但直播业务的发展尚处于初创期的主播来说，其可以采取先免费再付费的变现模式，即先通过提供高质量免费直播内容的方式来吸引观众关注主播和直播内容，让观众逐步对直播内容产生兴趣，等积累一定数量的粉丝，且粉丝对直播内容形成一定的黏性后，再逐步推出付费的直播内容。

（2）限时免费

限时免费的模式通常是主播或直播平台将某些直播内容在某个时间段内设置为免费，过了这个时间段，这些直播内容就需要通过付费的方式进行观看，以刺激观众及时关注主播和直播内容。

（3）折扣付费

为了吸引观众的关注，主播和直播平台还可以采取折扣付费的方式，通过制造直播内容原价与折扣价格的差异，刺激那些对价格敏感的观众付费观看。

↘ 7.5.3　赞赏变现

赞赏就是指观众在直播平台上付费充值，购买虚拟礼物和道具送给自己喜欢的主播，直播平台再将这些虚拟礼物和道具折算成现金，由直播平台和主播按照一定的比例进行分成。如果主播隶属于某个公会，则由公会和直播平台统一结算主播获得的虚拟礼物和道具，最终主播获得工资和部分提成。

随着直播平台不断升级和优化，各大直播平台礼物系统中的赞赏礼物和道具也越来越多样化，从普通礼物到豪华礼物，再到VIP观众专属的守护礼物等，无一例外都是为了刺激观众付费，提升平台收益。

↘ 7.5.4 广告变现

当主播有了一定的名气之后，有些企业就会看中其直播间的流量，委托主播为他们的品牌或商品做宣传，而企业向主播支付一定的推广费用。对于直播主播来说，通过广告实现变现常见的方式有两种，一种是在直播内容中植入广告，另一种是为品牌或企业做代言。

1. 广告植入

广告植入是指在直播内容中直接或间接地植入广告。这种变现方式经常出现在电视剧、电影和网络视频中，随着直播行业的发展，加上一些有名气的主播的超高流量吸引，很多企业愿意在主播的直播内容中植入广告。

2. 为品牌或企业做代言

直播经济的发展打造了一批颇有名气的主播，他们拥有大量的粉丝，很多品牌或企业正是看到了这些主播背后的巨大流量，会邀请他们为自己的品牌或商品做代言，所以为品牌或企业做代言也成为直播变现的一种方式。

对主播来说，为品牌或企业做代言时需要注意一些问题。首先，在选择代言对象时，主播需要综合考虑自身粉丝群体的类型，以及自身的风格是否与代言对象的特质相符；其次，要考虑代言费的问题，主播可以在综合考虑自身实力、代言商品价值的基础上确定代言费。

其实直播主播为品牌或企业做代言已经是一种层次较高的商业活动了，需要主播拥有数量庞大的粉丝做基础，主播在直播领域也要有较高的影响力，甚至要有自己的运营团队，影响力较小的主播通常不具备为品牌或企业做代言的实力。

↘ 7.5.5 签约MCN机构

随着直播行业的快速发展，MCN机构应运而生。在直播行业中，MCN机构是提供一站式服务的中介公司，主播与MCN机构签订合约后，就能享受MCN机构为其提供的专业培训、直播资源、直播场地等一系列服务。

虽然签约MCN机构有诸多好处，但签约后主播的收入是需要与MCN机构分成的。也就是说，主播赚到的钱要分给MCN机构一部分，作为MCN机构的服务费。主播一旦签约MCN机构，就要听从其安排和管理。

主播在选择MCN机构时，需要考虑以下事项。

1. 试用期

对于签约的主播，MCN机构通常会设置一个试用期。MCN机构可以通过试用期来评判主播的发展潜力，而主播可以通过试用期来判断该MCN机构是否适合自己的发展。如果任何一方发现对方不符合自己的要求，就可以选择在试用期内解约，以避免后续造成更大的损失。

由于主播解约会对MCN机构产生不利的影响，所以主播在签约期内解约MCN机构可能会要求主播支付一定数额的违约金。

2. 限制性条件

为了防止在没有试用期的情况下，或者试用期过后MCN机构对主播采取不负责任的态度，主播在与MCN机构签订合同时可以加入一些合理的限制性条件。例如，如果半年内主播的业务无法达到多少，主播可以提出解约等。

这种条件可以帮助主播降低遭遇"放养式"MCN机构的风险，如果主播在半年内无法达到约定的业绩，或者主播能力不够，或者MCN机构的运营能力不足，这种情况下解约能够减轻双方的损失。

3. 分成比例和业绩目标的制订

主播签约MCN机构后，其工资一般由底薪加业绩提成构成。MCN机构为主播提供专业培训、资源开发等服务是需要收取一定费用的，这些费用一般是从主播的业绩中按比例扣除。

有些MCN机构为了获得更多的服务费，可能会给主播制订无法实现的业绩目标。因此，主播在选择MCN机构时，要注意判断该机构制订的分成比例与业绩目标是否合理，是否在自己的能力范围之内，避免因无法达到业绩目标而不能获得应有的报酬。

课后实训：搭建直播团队开展直播

1. 实训目标

掌握从搭建直播团队到开展直播活动的一系列流程。

2. 实训内容

6人一组，以小组为单位，先讨论分析，分配各自的职责，搭建直播团队，然后搭建并布置直播间，开展直播活动，在直播过程中灵活应对，最后实现直播流量变现。

3. 实训步骤

（1）搭建直播团队

小组讨论各个成员的擅长技能，分配各自的职责，确定好以后搭建直播团队。

（2）搭建与布置直播间

提前准备好直播设备，搭建直播间，规划直播场地，布置直播间环境，如背景、配饰等，并布置直播间的灯光。

（3）打造主播IP

塑造主播形象，从多个方面打造主播IP，准备直播话术。

（4）开展直播活动

按照既定流程开展直播活动，如预热引流、与用户互动、介绍商品、试用商品、引导用户下单、直播结束、直播复盘等。

（5）流量变现

根据自身账号的特点和能接触到的合作对象选择合理的流量变现模式。

（6）实训评价

进行小组自评和互评，撰写个人心得和总结，最后由教师进行评价和指导。

课后思考

1. 简述直播团队人员的职责。
2. 主播应从哪些角度出发来塑造形象？
3. 常见的直播带货模式有哪些？

第 8 章 直播运营实战：淘宝与抖音直播运营

知识目标

- 掌握淘宝直播策划与运营的方法。
- 掌握淘宝直播后期管理的方法。
- 掌握抖音直播运营的方法。
- 掌握抖音直播后期管理的方法。

能力目标

- 能够进行淘宝直播的策划、运营与后期管理。
- 能够进行抖音直播的运营与后期管理。

素养目标

- 培养用户思维，提升用户感知力和需求理解力。
- 在直播中秉承诚信原则，恪守承诺，绝不欺骗消费者。

淘宝直播和抖音直播是"直播+电商"的典型代表，商品的性价比和主播的专业度是影响用户做出购买决策的重要因素。这就要求主播在运营淘宝直播和抖音直播时，必须在直播内容策划、商品管理、互动话术等环节下大功夫，围绕商品做专业化、流程化的运营。

8.1 淘宝直播运营实战

淘宝直播是阿里巴巴网络技术有限公司推出的消费生活类直播平台，也是新零售时代体量巨大、消费量与日俱增的新型购物场景，更是千万商家店铺进行用户运营、互动营销的利器。

↘ 8.1.1 了解淘宝直播

经过多年的发展和沉淀，直播行业现在已经成为一个可盈利变现、组织架构清晰的行业，并衍生出多样化的直播模式，如"直播+电商"模式，让直播除了可以依靠打赏、广告进行变现外，还可以通过电子商务实现变现，不仅丰富了直播变现的模式，还重新定义了直播的价值。"直播+电商"模式为商家和用户创造了一种新的消费方式，解决了网上购物的诸多痛点，有效地提升了用户的购物体验。

淘宝直播就是"直播+电商"模式的典型代表，其核心价值在于通过向用户提供能够实时互动的直播内容，帮助商家创造更具吸引力的消费场景。

在淘宝直播中，用户可以一边观看直播，一边与商家进行互动交流、领取优惠券和选购商品等。用户做出最终购买决定的原因可能是在观看直播的过程中，某个特殊场景激发了其对商品的好感和购买欲望，这个场景可能是名人对商品的推荐，也可能是强有力的折扣力度，还可能是直播中强烈的购物氛围或群体购物的场景。

1. 淘宝直播面临的发展环境

从淘宝直播开通至今，在开播场次、成交额、用户规模上都形成了一定的规模，为商家带来不可多得的红利期。当前，淘宝直播正处于非常有利的发展时期，主要表现在以下几个方面。

（1）用户习惯养成

对于商家来说，直播已经成为商家重要的销售渠道之一，而用户也逐渐习惯了边看直播边购物的消费模式。淘宝直播的用户群体在不断扩大，核心用户的黏性很强，他们平均每日在淘宝直播的停留时长将近一个小时，并且停留时长仍然处于增长状态。

（2）直播内容持续优化

淘宝直播培育了大量的专业主播，保证了直播内容的质量。越来越多的名人开始入驻淘宝直播并运营自己的账号，丰富了淘宝直播的内容表现方式。此外，PGC机构也纷纷加入淘宝直播中，创作出很多高质量的直播内容，丰富了直播生态，提升了用户直播购物的体验。

（3）5G技术赋能

5G技术能够为直播赋能，为直播提供更加优质的网络环境和直播设备，让用户获得更好的观看体验。

当前，淘宝直播已经发展成为电商的新产业，随着商家、主播、用户在淘宝直播上的持续发力，以及内外部发展条件的逐渐成熟，将会进一步推动淘宝直播的持续爆发。

2. 淘宝直播发布权限与浮现权规则

淘宝直播发布权限是淘宝直播的基础权限，开通权限后，达人和商家可以使用淘宝直播进行直播，并可以在订阅页面或自有淘宝店铺首页、天猫店铺首页展示。达人和商家要想获得直播发布权限，需要满足一定的要求，如表8-1所示。

表8-1 达人和商家获得直播发布权限需要满足的要求

申请人身份	需要满足的要求
达人	①必须要有一个绑定了支付宝实名认证的淘宝账号。 ②淘宝账号已在阿里创作者平台注册成为达人。 ③淘宝账号未开店，已开店的账号希望申请成为达人主播，必须先释放店铺；若不释放店铺，需要走商家直播权限开通流程
商家	①自身是淘宝网卖家或天猫商家，且店铺状态正常。 ②商家具有一定综合竞争力和客户运营能力。 ③淘宝商家须符合《淘宝网营销活动规范》，天猫商家须符合《天猫店铺自营销活动规则》

浮现权是淘宝直播平台赋予主播的，将其发布的直播内容优先展示在淘宝直播频道的权利。淘宝商家主播或达人主播的主播等级升级为V2（等级2）且符合《淘宝网营销活动规范》，即可实时开通浮现权。

3. 达人直播和店铺直播的区别

淘宝直播主要有两种形式，即达人直播和店铺直播。以达人身份开通直播发布权，就是达人直播。淘宝达人可以是某个领域的专业人士，利用一些平台或渠道分享自己的专业知识，并向别人推荐商品。

以商家身份为淘宝店铺开通直播发布权，就是店铺直播。店铺直播的核心在于店铺，很多店铺通过直播来打造爆款商品，提升转化率。

下面从运营特点和用户的角度来分析达人直播和店铺直播的区别。

（1）从运营特点来看

从运营特点来看，达人直播和店铺直播的区别表现在以下两个方面。

其一，达人直播一般没有商品库存，比较适合没有直接货源的主播。主播可以在"阿里V任务"平台发布招商信息，为商家做专场直播；也可以在自己的直播间内发布多个商家的商品链接，从中赚取佣金。

由于达人直播没有自己的货源，主播只需和其他商家做好对接工作，即可在直播间内进行直播带货。因此，与店铺直播相比，达人直播的直播间内商品上新的速度较快。但是，达人直播在选择商品上处于被动地位，直播带货的商品比较受限于商家为其提供的款式。

其二，达人直播比较强调主播本人的IP属性，只能是达人本人进行直播，不能换成他人直播。此外，做达人直播，要求主播有一定数量的粉丝做支撑，如果没有粉丝的支持，达人直播的运营就会比较困难。

而店铺直播的账号可以由不同的人来做直播，并不要求主播一定是固定的某个人，因此店铺直播的时间一般很长。此外，商家可以根据自己店铺的活动来自由安排直播时间。

（2）从用户的角度来看

从用户的角度来看，达人直播侧重情感驱动，如果用户喜欢这个达人，就愿意观看其直播，并购买其推荐的商品，用户容易被达人激发消费欲望；而店铺直播更侧重用户的需求，即用户需要商家介绍的这个商品时才会选择观看店铺直播，换句话说，用户产生消费欲望后才会进入直播间。

达人直播强调用户对主播人格的认同，如果用户认同主播的人格特点，就容易产生情感共鸣；而在店铺直播中，用户看重商品的品牌和商品的性价比，店铺是用品牌价值来吸引用户购买商品，相较于主播而言，用户会更认同商品。

8.1.2　淘宝直播的策划与运营

淘宝直播的核心是向用户提供与商品相关的内容，影响其购买决策，从而促成买卖双方的交易。淘宝直播的运营要以用户需求为导向，在创作直播内容时应当思考什么样的直播内容是用户需要的，什么样的直播内容有利于提升转化率。下面将详细介绍淘宝直播策划与运营的相关知识。

1. 淘宝直播场地和环境的规划

淘宝直播间的环境直接影响着用户的观看体验，一个整洁、干净的直播间能够给用户带来良好的视觉体验。

（1）直播场地选择

直播场地的选择有室内和室外两种，场地不同，主播需要关注的要点也有所不同。

① 室内场地的要求

室内场地通常适合一些对光线要求较强、对细节展示要求较高的商品，如美食、美妆、服装等。如果选择室内场地作为直播间，需要考虑场地的隔音效果、吸音效果和光线效果。

如果直播中需要展示一些体积较大的商品，如钢琴、冰箱、电视机等，要注意场地的大小，以免在拍摄商品时由于摄像头距离商品太近而导致画面不能完整地展示商品，或者画面不美观。

如果场地中需要使用顶光灯，则要考虑场地的高度，要保证能够给顶光灯留下足够的空间。

为了保证画面的美观度，避免画面过于凌乱，在直播时不会让所有的商品同时入镜。因此，在直播商品较多的情况下，室内场地中要留出足够的空间放置其他待播商品，并为桌椅、黑板、花卉等道具和副播、助理等人员预留空间。

② 室外场地的要求

室外场地比较适合展示体型较大或规模较大的商品，或者需要展示货源采购现场的商品，如在码头现场挑选海鲜等。选择室外场地作为直播间时，需要考虑以下因素。

- 室外的天气情况，如果选择在傍晚或夜间直播，则需要配置补光灯。
- 室外场地不宜过大，以免主播把时间浪费在来回走动上。
- 如果是对画面美观度要求较高的室外直播，要保证室外场地的美观，不能出现杂乱的人流、车流等。

（2）直播间环境布置

对于室内直播间来说，主播可以使用简单的品牌Logo作为直播间的背景墙，这样既显得直播间的背景干净简单，又能增强品牌感。此外，主播也可以将实体店作为直播间，以凸显直播的场景感。

2. 淘宝直播的工作内容及人员配置

其实直播就像拍电影一样，前期需要做好充足的准备、规划与合理分工，这样才能保证直播顺利进行，为用户打造一场极具代入感的直播。

（1）淘宝直播的工作内容划分

淘宝直播的工作内容主要包括策划、协调与实施三个方面。

- **策划**：包括直播主题的确定、直播脚本的撰写和直播间福利的策划，根据直播主题来确定直播商品、开播时间、直播时长等。
- **协调**：包括直播节奏的把握、场面控制、突发问题的处理，以及多部门间的沟通与协调等。
- **实施**：就是将整个方案落地执行，把方案变成现实。

（2）淘宝直播的人员配置

根据直播团队人员规模的不同，淘宝直播的直播团队可以分为低配版团队、标配版团队和高配版团队，个人或商家要根据自身的运营能力、资金实力等情况搭建合适规模的直播团队。如果是高配版团队，淘宝直播的人员配置如下。

- **运营**：规划直播内容，确定直播主题，选品，撰写直播脚本，进行直播预热宣传；直播复盘，提出优化建议。
- **主播**：熟悉直播流程、商品信息和直播脚本的内容；在直播时介绍并展示商品，与用户互动，活跃直播间气氛；直播后进行二次曝光，增强用户黏性。
- **副播**：协助主播直播，协助主播介绍商品，介绍直播间福利。
- **助理**：开播前确认直播需要用到的商品、道具等是否就位；直播中配合导播协调主播工作，帮助主播准备直播中要介绍的商品。
- **嘉宾**：在直播中进行趣味分享，与用户进行互动等。
- **文案**：撰写直播预热文案，撰写商品介绍文案等。
- **场务控制**：开播前调试直播软硬件；负责直播中控台的后台操作；接收并传达指令等。
- **技术人员**：网络硬件的调试，录屏，直播摄像等。
- **直播间客服**：配合主播与用户在线进行互动答疑；修改商品价格，上线优惠链接，转化订单；解决发货、售后等问题。

3. 淘宝直播脚本的策划

一场成功的直播最主要的决定性因素来自主播的内容输出。只要直播的内容有特色，就很容易吸引人。要想打造一场成功的直播，策划优质的直播脚本是关键因素之一。

优质的淘宝直播脚本能够帮助主播把控直播节奏，保证直播流程的顺利进行，达到直播的预期目标，并将直播效果最大化。

设计直播脚本，主要从单品准备和整场直播流程两个方面来着手。换句话说，淘宝直播脚本分为单品脚本和整场直播脚本。

（1）单品脚本

单品脚本就是针对某款商品的脚本，其主要内容包括商品的品牌、卖点、优惠方式等。主播必须要对直播间内商品的特点和营销手段有着清晰的了解，这样才能更好地将商品亮点和优惠活动传达给用户，以刺激用户的购买欲。

单品脚本可以设计成表格的形式，将品牌介绍、商品卖点、利益点、直播注意事项等内容都呈现在表格中，这样既方便主播全方位了解直播商品，也能有效地避免在人员对接过程中产生疑惑或不清楚的地方。表8-2所示为某款纯棉碎花连衣裙的单品脚本。

表8-2　某款纯棉碎花连衣裙的单品脚本

项目	商品宣传点	具体内容
品牌介绍	品牌理念	××品牌坚持亲近自然，崇尚自由舒适生活，坚持简洁、素雅、个性而不张扬的设计风格
利益点	"双十一"优惠提前享	今天在直播间内购买商品享受"双十一"一样的价格，下单备注"主播名称"即可
引导转化	面料优质，款式富有设计感	核心卖点： ①优质的棉质面料，触感轻柔，透气性良好，穿着舒适亲肤。 ②带腰带，可以根据需要调节腰带长短，收身显瘦。 ③面料采用提花技艺，裙子上的花朵非常有立体感
	清新友情装	热情的夏日来点儿浅色系装扮，和好友一起拥有它，带着这份清爽去约会
直播间注意事项		①直播过程中直播界面显示"关注店铺"卡片。 ②引导用户分享直播间、点赞等

（2）整场直播脚本

整场直播脚本是对整场直播活动的规划与安排，重点是直播的逻辑、玩法和对直播节奏的把控。

通常来说，整场直播脚本包括直播目标、人员安排、直播时间、直播主题、主播介绍和直播中的流程细节等要点。直播中的流程细节要非常具体，详细说明开场预热、品牌介绍、优惠活动介绍、商品介绍、用户互动、活动结束、直播结束等各个环节的具体内容、如何操作等问题。表8-3为整场直播脚本示例。

表8-3 整场直播脚本示例

直播脚本要点	说明
直播目标	宣传新品，提升新品销量
人员安排	①场务控制负责检查直播现场环境，准备道具。 ②主播负责介绍商品、解释活动规则。 ③副播协助主播介绍商品。 ④助理帮助主播和副播递送要介绍的商品。 ⑤直播间客服负责修改商品价格，与用户进行沟通，转化订单
直播时间	2023年2月10日下午2：00—4：00
直播主题	××新品发布
主播介绍	××主播，品牌主理人、时尚博主
开场预热	暖场互动，主播和副播做自我介绍，将此次直播带来新款商品，特别是主推新品做简要说明
品牌介绍	主播介绍商品品牌的价值理念，副播在旁边适当进行内容补充，并引导用户关注店铺
优惠活动介绍	开场30分钟后发布本场直播第一个优惠活动规则：关注有礼，赠送15元优惠券；之后每隔30分钟发布一个优惠活动（主播也可以自主调整发布优惠活动的时间点），包括新品半价、点赞抽奖、趣味问答得特价新品等
商品介绍	①从包装到内在对商品进行介绍。 ②主播可以对商品进行全方位体验，并介绍自己的试用感受。 ③向用户介绍商品的购买路径
用户互动	回答用户的提问，引导用户点击关注和下单
活动总结	再次强调品牌的特点，强调商品的特点
直播结束	引导用户点击关注，预告下次直播的内容

4. 淘宝直播间引流

淘宝直播间的引流包括发布直播预告和直播过程中的引流。

主播在开播前发布优质的直播预告，在预告短视频中清晰地描述直播主题和直播内容，既有利于让用户提前了解直播的时间和直播的主要内容，做好观看直播的准备，也有利于让自己的直播获得优先浮现权。

主播在开通直播之后要考虑的问题是如何为直播间引流，让更多的用户观看自己直播。下面将介绍淘宝直播间引流的方法。

（1）站外私域拉新

站外私域拉新是指主播可以在自己的微博、微信公众号、微信朋友圈、抖音等社交账号中分享直播链接或二维码，以吸引用户关注自己的淘宝直播间。图8-1所示为某主播通过自己的微博账号发布直播预告进行预热。

（2）淘宝店铺私域拉新

商家在淘宝直播中控台设置直播卡片后，商家淘宝店铺的首页就会显示店铺的直播状态。如果店铺尚未开播，就会显示"预告"（见图8-2）；如果店铺正在直播，就会显示"直播中"。此外，商家也可以在订阅界面上进行直播预热，引导老用户访问直播间，以提高直播间的活跃度，从而获得更多的公域流量。

图8-1　微博直播预热

图8-2　店铺直播预告

（3）开通直播间"权益投放"功能

淘宝直播中的"权益投放"功能支持主播和商家在直播间向用户发放平台红包、店铺优惠券、单品优惠券和淘金币，用户观看直播时可以在直播间内直接领取。

主播和商家开通"权益投放"功能后，所设置的平台红包、店铺优惠券、单品优惠券和淘金币等权益会在手机淘宝的直播内容流和主播或商家的直播间中进行显示，从而吸引用户进入直播间并点击关注。

（4）设置"关注有礼"

主播和商家可以通过设置"关注有礼"来吸引普通用户成为忠诚用户，方法为：在PC端淘宝直播中控台设置充足的用户福利，如红包、优惠券、淘金币等，并设置"领取条件"为"关注"即可。设置"关注有礼"的直播间在直播时会在直播内容流中展现其用户福利。此外，设置"关注有礼"后，主播和商家要在直播过程中不断地引导用户关注自己。

（5）创建粉丝群

主播和商家可以创建自己的粉丝群，开播前可以在群里做直播预热互动。

5. 淘宝直播封面图的设计

封面图是直播间的门面，也是影响直播间流量高低的关键因素之一。在同等排名条件下，封面图越美观、有趣，直播间能够获取的流量就越大。因此，淘宝直播中做好封面图的设计至关重要。

主播在设计淘宝直播封面图时，要遵循"清晰、易懂、高品质"的原则。具体来说，淘宝直播封面图的设计需要注意以下几点。

（1）注意固定信息的展现

淘宝直播封面图上会有直播标、观看人数、直播间头像、直播间名称、直播标题等固定信息，如图8-3所示。主播和商家在设计淘宝直播封面图时，要考虑这些固定信息的展现。如果淘宝直播封面图中有模特的照片，要注意模特照片摆放的位置，如果模特照片的位置把握不好，很可能会被固定信息遮挡住，以致影响淘宝直播封面图的美观性。

（2）淘宝直播封面图要保持干净、整洁

淘宝直播封面图要清晰，而且要保持干净、整洁，不能出现文字信息，直播标题会展现在淘宝直播封面图上，如果淘宝直播封面图上出现其他文字信息，容易与标题内容重复，并会让图片内容显得过于杂乱。

图8-3 淘宝直播封面图上的固定信息

（3）淘宝直播封面图要主题鲜明

淘宝直播封面图，要将直播的主题凸显出来，让用户看到淘宝直播封面图时，就知道直播的内容是什么，并且决定要不要进入直播间。淘宝直播封面图可以是主播的照片，也可以是与直播主题相关的内容，要让人一眼就能看懂。

（4）淘宝直播封面图要能展示直播间特色

不要使用与其他直播间相似甚至相同的图片作为淘宝直播封面图，如果很多直播间的封面图高度相似甚至一模一样，就容易让用户认为这些直播间的直播内容都是一样的。因此，在设计淘宝直播封面图时要注意展示自己直播间的特色，让人一目了然。

（5）淘宝直播封面图要自然、简洁

淘宝直播封面图最好选择一张自然、简洁的图片。为了保证图片的视觉效果，不影响用户的浏览体验，尽量不要使用拼图。一旦使用拼图，就会严重影响淘宝直播封面图的美观程度，导致用户不愿意点进去。

此外，淘宝直播封面图不要过于杂乱、花哨，否则会影响图片本身重要内容的呈现，也不要将图片的背景设置成白色，否则将无法凸显图片的特色。淘宝直播封面图必须要撑满方形区域，不要使用留有白边的图片。淘宝直播封面图中不要贴有其他元素，要注意保持图片的整体性。

（6）使用名人照片要有授权

如果直播间没有名人参与直播，就不要使用名人的照片作为淘宝直播封面图。如果直播间有名人参与直播，就可以使用名人的照片作为淘宝直播封面图，但必须提供相关的肖像权使用授权文件等。

6. 淘宝直播标题的写作

对于淘宝直播来说，写好直播标题也是非常重要的，因为一个具有吸引力的直播标题能够直接提升直播间的点击率，提升直播间的流量。

根据标题内容特点的不同，可以把淘宝直播标题分为三种类型，即内容型标题、活动型标题和福利型标题。

● **内容型标题**：主要体现直播中商品的功能和特点，如"今天教你搭配显瘦夏日装"。

● **活动型标题**：在标题中强调直播间的活动内容，如强调直播间的折扣力度、满多少元包邮等，这样有利于吸引一些价格敏感型用户进入直播间。

● **福利型标题**：在标题中体现直播间为用户提供的各种福利，如随机抽奖、关注有礼等。

在短平快的注意力经济时代，有记忆点、能够激发人们点击欲望的标题更容易脱颖而出。在写作淘宝直播标题时，可以采用以下技巧。

● **不能使用违禁词**：淘宝直播标题中不能使用违禁词，否则无法通过淘宝平台的审核。这些违禁词主要有以下类型，如带有廉价感的词语，包括"清仓""秒杀""甩卖"等；绝对化用语，包括"最高级""全网""国家级""顶级""绝无仅有""首选""唯一""巅峰"等。

● **标题要简短明了**：直播标题最好写得简短一些，字数最好控制在8～10个字。

● **重要词汇放在标题前面**：最好把比较重要的词汇放在标题的前面，保证它们能被显示出来，这样用户就能看到这些关键词，有兴趣的用户就会进入直播间。

● **使用具有代表性的词语**：主播可以在标题中使用一些具有代表性的词语。对销售服装的主播来说，可以在标题中使用一些表示服装风格的词语，如"二次元""汉服"等。

● **使用数字描述**：在标题中多使用数字进行描述，用量化的尺度代替抽象的模糊概念，往往更具说服力和号召力。

● **使用疑问句式**：使用疑问句式更能引起用户的好奇心，感兴趣的用户就会进入直播间。

● **使用带有指向性的词语**：在直播标题中，"你""来"这个词具有很强的互动性，容易拉近人与人之间的距离。此外，"这"字也具有较强的指向性。

● **增加标题的感性色彩**：增加标题的感性色彩有利于唤醒用户的某种情绪，从而刺激其进入直播间。主播可以在标题中使用一些修辞手法，给用户带来眼前一亮的感觉。主播还可以在标题中使用一些谐音词，如"春季上新，美时美刻"等。

7. 淘宝直播标签的选择

淘宝直播标签是阿里巴巴网络技术有限公司推出的一款快捷导购推广服务。在直播间里，主播和商家可以为自己的商品添加各种能够吸引用户的直播标签，以此获得更加精准的流量，提高直播的转化率。

在淘宝直播中，直播间在某个直播标签下直播一段时间后，就会形成累积权重。直播间的综合表现决定了权重的高低，直播间表现好，权重就高，获得的流量就越多；反之，直播间表现不好，权重就低，获得的流量也就越少，甚至没有流量。

主播选择一个适合自己的直播标签是非常重要的。新手主播有必要收集并整理各个频道中有名气的主播的直播时间段和选用的直播标签，这样不仅可以帮助新手主播了解哪些直播标签是比较冷门的标签，还可以尽可能地避开大主播的直播时间段。

新手主播或流量不稳定、竞争能力较弱的主播可以采取下面两种方法来测试和选择直播标签。

● 主播可以花费一周左右的时间（也可以是更长的时间），将与自己直播间商品相关的直播标签都测试一遍，然后从中择优选择直播标签。

● 主播可以对直播间商品进行调整与优化，以匹配某个新直播标签下的精准流量，这样主播可以在该标签下快速占据先机。而较为成熟、竞争能力较强的主播可以直接选择流量较大的直播标签。

主播不要频繁更换直播标签，如果需要更换直播标签，最好换为与原来的标签相似度较高的标签，这样有利于避免流量的损失。

8. 淘宝直播话术

基于销售商品的需求，淘宝直播话术要具有互动性，能够提升用户的参与感。淘宝直播话术需要满足三个要求，即专业性强、足够真诚和趣味性强。

（1）专业性强

淘宝直播话术的专业性体现在以下两个方面。

一是主播对商品的认知程度。主播对商品的认知越全面、越深刻，在进行商品介绍时就越游刃有余，越能彰显自己的专业性，也就越能让用户产生信任感。

二是主播语言表达方式的成熟度。同样一些话语，由经验丰富的主播说出来，往往比由新手主播说出来更容易赢得用户的认同和信任。这是因为经验丰富的主播的语言表达方式更成熟，他们知道如何说才能让自己的语言更有说服力。

（2）足够真诚

在直播过程中，主播不要总想着怎样讨好用户，而应该与用户交朋友，以真诚的态度和话术来介绍商品。真诚的力量是不可估量的，真诚的态度和话术容易激发用户产生共鸣，提高主播与用户之间的亲密度，这样用户才有可能配合主播进行互动。

（3）趣味性强

淘宝直播话术的趣味性是指主播要提升直播话术的幽默感，不能让用户感觉枯燥无味。具有趣味性的话术更容易拉近用户与主播的距离，提升用户的参与感。要想成为一名出色的淘宝主播，可以通过学习脱口秀节目、娱乐节目中主持人的说话方式，锻炼自己的幽默思维，从而提升淘宝直播话术的趣味性。

9. 淘宝直播商品的配置和管理

无论是店铺直播还是达人直播，经常会面临直播商品款式不够、直播商品利用率低、单品销量低等问题。要想避免遇到这些问题，商家和主播需要按照直播的逻辑对直播商品进行合理化细分。

在直播商品的配置和管理上，商家和主播可以采用以下方法。

（1）确定直播主题

确定直播主题是决定直播商品配置的前提。淘宝直播的主题主要分为两类，分别为场景主题和活动主题。场景主题是指本场直播用于销售在某个场景下使用的商品，如在办公场景下使用的办公用品，厨房中会用到的烹饪工具等；活动主题是指本场直播给用户提供的活动优惠，如"上新特价""年货节""'双十一'提前购"等。

（2）选择直播商品

确定了直播主题后，主播就要根据直播主题来选择相应的直播商品。主播在选择商品时要注意两点，一是所选的商品风格要保持统一，二是所选的商品能够形成一个套系，这样才能保证整个直播中商品调性的一致性。

（3）规划商品配比

对直播商品配比进行合理的规划，可以有效地提高商品的利用率，最大化地消耗商品库存。图8-4所示为单品配比示例，图8-5所示为主次类目商品配比示例。

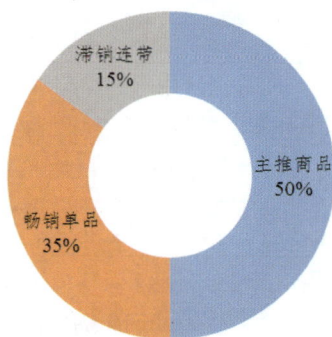

图8-4 单品配比示例

图8-5 主次类目商品配比示例

主播可以根据直播的时长来确定本场直播的商品总数，然后参考商品配比选择相应数量的商品，如表8-4所示。

表8-4 直播商品数量规划

直播商品总数	主类目商品（数量：95款）					次类目商品（数量：5款）
100款	主推商品（数量：48款）		畅销单品（数量：34款）		滞销连带	A款、B款、C款、D款、E款
	新品数量	预留数量	新品数量	预留数量		
	37款	11款	14款	20款	13款	

（4）保持商品更新

在淘宝直播过程中，要保持对直播商品的持续更新，以保证每场直播内容的新鲜性，让直播内容更加饱满，更有吸引力。一般来说，一场直播中更新的商品数量不得低于整场直播中商品总数的50%，其中畅销单品占10%，主推商品占40%。

（5）商品预留和返场

为了让直播间内的商品得到更加充分的利用，主播可以通过对已经在直播中出现过的商品进行预留和返场，实现已播商品储备再利用的目的。

主播可以根据商品更新比例来得出每天直播的预留商品数量。一般来说，每天要在所有直播过的商品中选出不低于10%的优质商品作为预留款，这些预留款可以应用到以下场景中。

- 因突发情况导致直播商品无法及时到位，用于应急补充。
- 用于日常直播结束后的返场，获得新流量的转化。
- 作为节庆促销活动日的活动商品再次返场。

↘ 8.1.3　淘宝直播的后期管理

淘宝直播前期工作完成得再好，但后期在粉丝管理、物流管理和直播间数据分析等方面做得不到位，直播活动也不算真正意义上的成功。因此，商家和主播要做好淘宝直播的后期管理工作，做好优化，改正直播前期工作中出现的问题。

1. 粉丝管理

为了更好地管理并维护粉丝，让粉丝持续关注淘宝直播间，主播要建立一个粉丝群，把粉丝集中起来。在粉丝管理过程中，主播可以采取以下措施。

- **发福利：**主播可以采取发红包、赠送优惠券等方式来吸引粉丝，激励粉丝积极互动，从而活跃粉丝群的气氛，增强粉丝的参与感。
- **团购：**主播可以在粉丝群发起多人购买、薄利多销的团购活动，为粉丝让利，同时增加淘宝店铺的销量。
- **发起"买家秀"活动：**这样可以激发粉丝的参与感和认同感，提升粉丝对产品的信任度，同时提高粉丝群的活跃度。
- **制订粉丝群规则：**制订粉丝群规则可以帮助主播更好地管理粉丝在群内的互动行为，防止部分粉丝破坏群内环境，如广告贴、同行潜入群内索取信息等。主播若发现有粉丝违反群规，必须采取相应措施，维护粉丝群环境。
- **激励KOC推广：**KOC（Key Opinion Consumer，关键意见消费者）是指与普通用户联系更紧密、拥有较大决策影响力的用户，他们能影响自己的朋友和粉丝，使其产生消费行为。粉丝群内非常活跃的用户就属于KOC，主播可以通过私信单独沟通，给予一定的店铺福利，让其在群内帮助开展推广活动。

2. 物流管理

淘宝直播销售商品时，商家要按照以下流程来完成物流信息的设置。

- 登录淘宝服务平台，完成店铺的物流信息登记，选择物流方式，把物流信息填写到系统中。

● 根据自己的发货要求打印发货清单和快递单，交付快递公司，开始发货，商家要将订单状态和发货的物流信息更新到淘宝服务平台，以便用户查看商品的物流信息和配送情况。

● 商家要及时关注商品的物流情况，查看是否有延迟等情况，及时排查问题，让用户能够及时收到商品。

具体来说，淘宝直播的物流管理主要包括数据分析管理、选择包装、选择快递公司等。

（1）数据分析管理

如今是数字化信息时代，商家要想做好物流管理，就要紧跟时代潮流，在物流管理上运用数字化方式，其中搭建数据中台就是一个非常有效的方法。

数据中台可以帮助商家分类汇总数据，将商品下单、包装、运输、签收、评价等方面的信息分类储存，形成数据库，制作可视化报表，以便商家查看商品的各项物流数据。

当出现问题件时，商家可以尽快发现问题件，通过数据查看哪个地区出现的问题件数量多，分析产生问题件的原因，如商品分拣时出现问题、运输过程中出现问题等，然后对症下药。

如果是商品分拣时出现问题，就要分析是人为失误，还是机器系统出现故障；如果是运输过程中出现问题，就责令快递公司改正隐患或者更换快递公司，以保证后续商品能够完好无损地送到用户手中。

（2）选择包装

包装也会直接影响商品的质量。商家在选择包装时要根据商品特征来考虑，如鲜花或生鲜食品，在发货之前应包裹一层保鲜膜，以免出现质量问题。

纸箱是常见的商品外包装，但如果商品属于易碎物品，商家还要在纸箱中铺一层内包装，如气泡膜、泡沫棉、充气袋等，以避免商品在运输过程中损坏。将商品放进纸箱后，如果纸箱内还有多余空间，商家要用其他物品塞实，以免商品在运输过程中来回晃动，同时要用封箱带把纸箱密封，既防水又不容易丢失商品。

（3）选择快递公司

商家在选择快递公司时，不仅要关注快递价格、运输时效、包裹的安全性，还要关注配送区域。有些用户来自农村或偏远地区，商家必须选择能够把商品配送到这些区域的快递公司，如果只把商品配送到乡镇，然后让用户自己领取，很容易引起用户的不满。

3. 直播间数据分析

直播间数据分析是淘宝直播后期管理工作中不可或缺的一部分，要想优化并提升直播间运营效果，打造属于自己的优质直播间，就需要深耕数据。

主播可以通过淘宝直播中控台查看直播间实时数据，也可以通过第三方数据分析工具查看直播间数据。

数据驱动运营就是从开播的第一天开始，主播就要养成观察与分析直播间数据的习惯。开展淘宝直播间数据分析的流程如下。

（1）明确数据分析的目的

要开展数据分析，首先要明确数据分析的目的。通常来说，数据分析的目的主要有三种：第一种是寻找直播间数据波动的原因，数据上升或下降都属于数据波动；第二种是通过数据分析制订优化直播内容、提升直播效果的方案；第三种是通过数据变化规律推测平台算法规则，然后从平台算法规则出发对直播内容进行优化。

（2）搜集数据

目前，搜集淘宝直播间数据的主要渠道是淘宝平台提供的各种工具，包括数据银行、生意参谋、淘宝直播中控台等。

（3）数据统计

主播需要统计的数据指标主要包括直播日期、直播时间段、直播时长、观看次数、直播间浏览次数、最高在线人数、封面图点击率、转粉率、商品点击率、人均观看时长、新增粉丝、商品点击次数、成交件数、成交转化率、商品成交总额和支付金额等。淘宝直播间各项数据指标及其含义如表8-5所示。

表8-5　淘宝直播间数据指标及其含义

指标名称	含义
直播日期	本场直播的具体日期
直播时间段	本场直播开始和结束的时间点
直播时长	本场直播持续的时间长度
观看次数	本场直播用户进入直播间的累计观看次数
直播间浏览次数	本场直播间页面累计展现次数
最高在线人数	同时观看本场直播的最高人数
封面图点击率	封面图被点击的次数与被曝光次数的比值
转粉率	新增粉丝数/观看直播的总人数
商品点击率	通过直播查看商品详情页面的人数/观看直播的总人数
人均观看时长	本场直播总时长/观看直播的总人数
新增粉丝	本场直播中新关注主播的总人数
商品点击次数	本场直播中所有进入直播间的人点击商品的次数
成交件数	本场直播中成功下单的订单数，同时呈现非粉丝成功下单的订单数占比
成交转化率	本场直播中完成下单的总人数/本场直播中有过点击商品行为的总人数
商品成交总额	本场直播中产生的商品交易总额，包括拍下未支付的订单金额
支付金额	本场直播中产生的实际交易额（不包括拍下未支付订单、退款订单）

（4）数据分析

在完成数据的搜集与统计工作之后，接下来就要对数据进行分析，常用的方法是对比分析法和特殊事件分析法。

① 对比分析法

对比分析法也称比较分析法，指将两个或两个以上的数据进行对比，并分析数据之间的差异，进而揭示这些数据背后隐藏的规律。在对比分析中，包括同比（一般情况下是今年第N月与去年第N月相比）分析、环比（报告期水平与其前一期水平之比）分析和定基比（报告期水平与某一固定时期水平之比）分析。

主播可以通过对比分析找出异常数据。异常数据并不是指表现差的数据，而是指偏离平均线较大的数据。例如，主播每场直播的新增粉丝数维持在50～100个，但有一场直播的新增粉丝数突增到200个，虽然新增粉丝数增加了，但这个数据属于异常数据，主播要对此数据进行认真分析，查找原因。

② 特殊事件分析法

大部分数据出现异常都与某个特殊事件有关，如淘宝直播首页或频道改版、主播变更直播标签、主播变更开播时间等，这就要求主播在进行日常数据记录的同时，也要记录这些特殊事件，以寻找这些特殊事件与数据变化之间的关系。

8.2 抖音直播运营实战

当前直播电商已经成为电子商务的一种重要形式，而抖音作为国内拥有巨大流量的平台之一，抖音直播的流量也非常大，越来越多的人在抖音上进行直播带货。

↘ 8.2.1 了解抖音直播

抖音是由今日头条孵化的一款音乐创意短视频社交软件，用户可以通过抖音分享自己的生活，同时也可以在这里认识更多朋友，了解各种奇闻趣事。后来，抖音添加了直播功能，目前抖音直播已涵盖多种直播类型，如娱乐直播、电商直播、新闻直播、销讲直播、品牌直播、游戏直播和旅游直播等。

1. 抖音直播变现的模式

抖音直播变现包括品牌/商家自播和达人/素人带货两种变现方式。品牌/商家都有自家的商品，通过直播全面展示和讲解商品，烘托购物气氛，激发用户的购买欲望，只要商品品质、价格、服务存在优势，就可以通过直播销售出去。个体经营者自己有商品，可以自己直播带货，如果卖得不够好，还可以请粉丝较多的达人帮助销售，而达人不仅能够获得广告费，商品成交后还可以获得佣金。

2. 抖音直播的流量入口

抖音直播目前有4个流量入口，分别为同城直播、直播广场、短视频信息流和商城直播精选。

（1）同城直播

主播在开播后，系统会随机推送给同城用户，同城用户在刷抖音时可能会看到主播的直播，只要感兴趣，就有可能点击进入该直播间。因此，为了获得更精准的流量，主播可以修改定位，把定位改为目标用户群体比较集中的地区。

（2）直播广场

用户在直播广场中可以查看所有正在直播的直播间，点击某直播窗口就可以进入其直播间。通过点击同城直播中的"更多直播"就可以进入直播广场，其中涉及推荐、关注、购物、新星、唱歌、游戏、交友、虚拟主播等类目，如图8-6所示。

（3）短视频信息流

当主播的短视频上热门以后，用户在看到热门短视频时，也会看到账号正在直播的提示，从而通过这个入口进入直播间，如图8-7所示。只要抖音在短视频上的定位不变，对于绝大多数的直播间来说，通过短视频向直播间引流，将是最大的公域流量来源之一。因此，主播可以在直播之前发布一条短视频，以增加流量入口，提升直播间被用户看到的可能性。

（4）商城直播精选

据相关研报数据显示，2022年抖音、快手、淘宝三大平台的直播带货GMV只占国内电商大盘的13.7%，以货架电商为主的传统电商模式仍然占据接近9成的市场空间，这说明经过多年积累和打磨的货架电商依旧占据主导地位，直播电商尚无取代货架电商的可能。

在这种情况下，抖音、快手等新型电商平台为了迎合用户，也开始发力货架电商，朝着货架场景迈进。抖音在2022年3～4月开始测试"商城"一级入口，到了"6·18"期间，"商城"成为抖音首页的一级入口，如图8-8所示。"商城"中的"直播精选"展示的是个性化推荐的带货直播间，借助抖音的巨大流量，这些直播间可以优先获得流量。

图8-6　直播广场　　　　图8-7　短视频信息流　　　　图8-8　商城直播精选

↘ 8.2.2　抖音直播的运营实操

抖音直播运营主要包括开通直播权限和电商带货权限、抖音直播选品、商品定价、付费推广引流、商品上架、商品讲解、提升直播间互动等。

1. 开通直播权限和电商带货权限

若要开通抖音直播权限，主播只需进行实名认证即可，输入真实姓名、身份证号等信息，点击"同意协议并认证"按钮，认证通过后即可开通直播权限。但是，如果主播想要在抖音直播进行电商带货，就需要开通电商带货权限，这就要求主播的个人主页公开发布的短视频不少于10条，账号粉丝不少于1000人。如果主播的账号达到了这些要求，即可申请开通电商带货权限。

2. 抖音直播选品

抖音直播选品要符合以下要求。

● **商品性价比高**：高性价比、低客单价的商品会在直播带货中更占优势，所以主播在选品时，可以选择客单价较低的商品。

● **商品符合定位**：商品要与主播人设、账号定位相关联，一方面主播对商品的熟悉度较高，另一方面也符合用户对账号的预期，有助于提高商品转化率。

● **降价空间要大**：主播选择利润率高、降价空间大的商品，会更凸显商品的价格优势和价格优惠程度，对用户的下单刺激作用更大。

● **核心卖点易于展示**：主播在直播带货时要展示商品的核心卖点，以此来吸引用户对商品产生兴趣，并下单购买。因此，核心卖点的直观性就非常重要。如果商品不具备展示性，就要慎重选择。

● **选品品类多元化**：商品的客单价和品类要控制在一定的比例，避免商品品类和客单价区间的单一化，要照顾到不同用户群体的需求，即低客单价、中客单价和高客单价的商品都要有，根据用户群体的需求选择构成比例。

3. 商品定价

商品价格一般分为高客单价、中客单价和低客单价三种类型，如表8-6所示，主播要根据实际情况，在直播间推荐不同客单价的商品，制订合理的定价策略，在保证自身盈利的基础上为用户提供更多的优惠，以刺激用户产生购买欲望。

表8-6　商品价格类型

价格档次	价格范围	用户购买特征
高客单价	100元以上	十分看重质量和品牌，下单十分谨慎
中客单价	50～100元	有所顾虑，充分考虑购买的必要性和实用性
低客单价	50元以下	购买决策过程很短，大多属于冲动式消费

主播在为商品定价时，可以采取以下策略。

● **商品组合定价**：这种定价方式一般是将互补商品或关联商品进行组合定价，将用户不经常购买、价值又相对较大的商品价格定低一些，而将经常购买、价值又相对较小的商品价格定高一些。低价用来打开销路，高价用来证明商品的质量，两者共同起到刺激需求的作用。

● **阶梯定价**：根据行业特点和品牌价格区间对不同商品进行阶梯定价，如100元以下、100～200（不含）元、200～300元、300元以上等，这样所有直播间商品都能满足不同用户的需求。

● **对比定价**：主播可以对比线下和常规商品的价格，体现直播间商品的价格优势，促进用户下单。例如，某款羽绒服的价格为1500元，直播间售卖的同款价格为699元，体现了直播间商品的价格优势。主播还可以对比其他商家、达人的同类商品的价格，凸显其在全网的价格优势。

4. 付费推广引流

主播可以通过付费使用DOU+来为直播间引流。DOU+是抖音为短视频创作者和主播提供的内容加热工具，能够提升短视频和直播间的人气，间接影响互动量，增加内容曝光。DOU+的投放门槛很低，新用户最低30元即可进行DOU+投放，而一般用户最低100元即可进行DOU+投放。

在投放DOU+时，主播既可以选择在开播前进行预热投放，即选择视频加热直播间；也可以在直播过程中根据实时数据进行定向投放，即直接加热直播间。

直播DOU+主要是提升用户进入直播间后的互动数据，包括直播间人气、直播间涨粉、用户打赏、用户互动等。要想优化直播DOU+的投放效果，主播应着力于以下4个方面。

● **直播间人气**：优化直播间布置，开启连麦进行多人互动，增加用户的停留时长。
● **直播间涨粉**：发红包吸引关注、话术引导、设计"宠粉"商品。
● **用户打赏**：要想获得更多的打赏，主播首先要创作高质量的直播内容，或有趣，或有价值，以吸引更多用户。
● **用户互动**：多提问，引导用户互动。

5. 商品上架

在讲解商品之前，主播要提前把待售商品上架到商品橱窗，保证在讲解时商品橱窗内有商品。由于抖音直播间面对的用户可能是成千上万，所以要明确真实库存、发货时间周期和库存补货时间周期，建议采用少量多批策略。

商品上架也有技巧，并非把全部商品一次性上架，不同商品的排列顺序、上架时间、讲解顺序等，对用户的留存和转化有着不同的影响。

很多主播开播时会选择先上架1～2款福利款商品来暖场，以此来吸引用户进入直播间，也使在线用户更容易留存。

主播应当将价格较高的商品和价格较低的商品穿插上架进行讲解，一般售卖2～3款高利润的商品之后就要上架1款"宠粉"福利款商品，以改善直播间的氛围，提高用户的兴趣和直播间的互动率，而且福利款商品也要与利润款商品相关。

直播快要结束时，为了预热下次直播，主播可以上架下次直播的新品，但是不公开价格，让用户对下次直播抱有好奇心和兴趣，吸引用户准时来观看下次直播，这也是变相为下次直播做推广引流。

6. 商品讲解

进入商品讲解环节时，主播要进入购物袋列表，选择指定商品进行讲解，用户这时能够看到弹出的商品卡片。

主播在讲解商品时，一般要先对商品的整体情况进行简单讲解，让用户知道在卖什么，对商品形成一个基本的认识，讲解要简洁易懂，否则用户可能会直接流失。

某些商品的卖点说起来很抽象，这时要借助现场实验、大屏幕场景展示和生活中场景类比等方式，使用户对商品的功能、作用有更强烈的感知，增强用户对商品的了解，从而提升转化率。

7. 提升直播间互动

提升直播间互动有利于活跃直播间气氛，增加直播间的人气，提高直播间的权重，吸引更多的用户进入直播间。

提升直播间互动的方法主要有以下几种。

- **提问**：主播不要只顾着自己一个人说，要多与用户互动，可以用提问来引导，让用户更有参与感。主播可以在开播前准备与直播内容相关的问题，在提问时问一些有选项的题目，而不是开放性问题，让用户更容易回答。
- **抽奖**：抽奖对用户有着巨大的吸引力，这种对利益的预期会促使用户积极互动，而且一般只需点赞、评论就有抽奖的机会，操作门槛较低，所以用户很乐意参与。
- **回答问题**：主播要重视用户的提问，要热情、积极地回答问题，让用户觉得自己被重视，这样才更有参与感，从而进一步活跃直播间气氛，增强用户的黏性。如果用户提问较少，主播也可以引导用户进行提问。
- **借助热点**：热点信息是广大互联网用户重点关注的信息，在直播时主播可以借助热点拉近与用户之间的心理距离。
- **发送粉丝券**：粉丝券是主播在直播间发放的，仅限粉丝领取的一种定向优惠券。粉丝券有助于主播将直播间的用户转化为自己的粉丝，提升直播间的涨粉能力，通过发放粉丝专享福利来增强粉丝黏性。

↘ 8.2.3　抖音直播的后期管理

直播结束并不代表整个直播活动的结束，主播还应当进行粉丝管理、物流管理和直播间数据分析等后期管理。后期管理可以帮助主播增强粉丝黏性，解决物流问题，借助数据发现直播中存在的不足并改正，使后续直播活动获得更好的效果。

1. 粉丝管理

主播要想让粉丝产生归属感，长期关注直播间，甚至自发帮助主播为直播间活跃气氛和控场，就要做好粉丝管理。首先是引导用户进入粉丝团，让用户在直播间享受粉丝权益，还可以通过粉丝团任务来提升主播和用户之间的亲密度。

主播可以为粉丝团或长时间观看自己直播的粉丝起名字，让粉丝对这个名字产生强烈的认同感，从而建立与主播的长期联系。

另外，主播还可以创建粉丝群，把粉丝引流到自己的私域流量池，随时与粉丝进行互动，为粉丝提供专属内容，并定期举办线下活动，增强粉丝黏性。

2. 物流管理

为了帮助商家定位物流问题，及时跟进和处理，降低用户咨询和投诉的概率，抖音在商家后台物流模块中上线了包裹中心功能。如果已发货的订单中出现物流轨迹异常，商家要及时关注和解决。例如，商家在发货后没有物流揽收信息的更新，包裹中心会生成一条"即将揽收超时"的待处理记录，商家要及时联系快递公司在发货后24小时之内完成揽收，以免用户投诉。

除此之外，在遇到中转超时、签收超时、包裹存在问题等情况时，包裹中心都会向商家提示预警，提醒商家及时联系快递公司处理问题。

3. 直播间数据分析

直播间数据分析的目的是通过复盘找出直播时出现的问题，分析并解决问题，找对直播内容的方向，及时调整运营策略，少走弯路。

主播可以通过四个平台来查看直播间的数据，分别是巨量百应的数据参谋，抖店后台的电商罗盘，百应后台或者罗盘后台打开的数据主屏，以及创作者或企业服务中心的主播中心。

抖音直播间的核心数据指标可以分为四大类，如表8-7所示。

表8-7 抖音直播间的核心数据指标及其说明

核心数据指标	说明
人气指标	主要关注看播率、总观看人数、总观看人次、最高在线人数和平均在线人数等数据。其中，看播率通常反映的是直播间的曝光进入转化率
互动指标	主要关注互动率、增粉率、加团率和人均观看时长等数据。人均观看时长，一般意味着用户停留时长，用户停留时长是最基础的互动门槛之一；互动率体现的是用户对直播内容的喜欢程度；增粉率、加团率反映的是直播间最终获取粉丝的能力，而加团率比增粉率更能说明直播间被用户认可的程度
商品指标	这一指标反映用户对商品的兴趣，包含三个具体指标，分别是商品的点击人数、商品的曝光率、商品的点击率
交易指标	这一指标反映直播间整体的变现效率，其中有两个核心点，分别是看播成交转化率和客单价

以上四大核心数据指标反映的情况是不一样的，主播要了解每一个核心数据指标背后的意义，通过数据分析看到直播运营的本质。

课后实训：淘宝或抖音直播运营实战

1. 实训目标

掌握淘宝直播或抖音直播的策划与运营技巧。

2. 实训内容

5人一组，以小组为单位，先讨论分析，分配各自的职责，搭建直播团队，然后规划直播场地，布置直播间，策划直播内容，执行直播活动。

3. 实训步骤

（1）搭建直播团队

小组讨论各个成员的擅长技能，分配各自的职责，确定好以后搭建直播团队。

（2）布置直播间

规划直播场地，布置直播间的环境、灯光。

（3）直播选品

根据直播团队的能力与资源，选择适合自身定位的商品。

（4）商品定价

采取合适的策略为商品定价。

（5）预热引流

在社交网络、短视频平台等渠道为直播间预热引流。

（6）设计直播封面图、标题

根据直播主题设计合适的封面图与标题，以此来吸引用户进入直播间。

（7）商品上架和讲解

按照特定顺序上架商品并讲解商品的特征与优势，使用户了解并接受商品。

（8）增加直播间互动

积极与用户互动，如提问、抽奖、回答问题、讨论热点话题等，提升直播间的人气。

（9）结束直播

结束直播后，直播团队要进行物流管理、数据分析等工作。

（10）实训评价

进行小组自评和互评，撰写个人心得和总结，最后由教师进行评价和指导。

课后思考

1. 简述达人直播和店铺直播的区别。
2. 简述在选择直播场地时需要考虑哪些因素。
3. 抖音直播的流量入口有哪些？
4. 抖音直播选品的要求有哪些？

第 9 章 融合运营：短视频与直播融合运营案例

知识目标

- 了解良品铺子进行抖音短视频和直播运营的策略。
- 了解良品铺子进行抖音短视频与直播融合运营的策略。
- 了解CHALI茶里进行淘宝短视频和直播运营的策略。
- 了解CHALI茶里进行淘宝短视频与直播融合运营的策略。

能力目标

- 能够构建"短视频'种草'+直播带货"的营销闭环。
- 能够以"内容种草+成交爆发"双轮驱动，助力成交量增长。

素养目标

- 在短视频和直播运营中弘扬民族品牌精神，助力中国品牌成长。
- 保持对短视频行业和直播行业的敏感度，敢于开拓创新。

　　"短视频+直播"在近年来备受关注，短视频营销和直播带货的结合让人们看到了其中的商机。但是，要想挖掘其中蕴藏的流量红利，商家就要掌握短视频与直播融合运营的策略。本章通过深入分析良品铺子和CHALI茶里品牌的案例，引领读者深入了解并掌握短视频与直播融合运营的策略。

9.1 良品铺子抖音短视频与直播融合运营

在抖音平台上，短视频"种草"与直播带货的结合能够构建"引流+带货"的营销闭环，即留存老用户，挖掘新用户，并通过改善服务以及进一步加强商家和用户的关系来达到新用户不断向老用户转化的目的。与直接直播带货相比，短视频"种草"与直播带货的结合能够发挥更大的势能。

短视频"种草"是用户形成商品认知的关键环节，是对用户的一种引导，通过多样化内容引导用户对商品产生情感认同，促进用户从"种草"向购买转化。

要想顺利地完成"短视频'种草'+直播带货"的流程，商家在"种草"与带货的不同阶段要做的工作也不同。

在短视频"种草"阶段，商家要思考以下几个方面。

● **选品**：在品类选择方面，食品类、装饰类、美妆类等品类的商品更受用户青睐。同时，在选择商品时，也要保证商品的质量并明确其卖点。

● **目标用户**：商家要从商品出发，分析商品的目标用户是哪些群体，并明确目标用户的痛点，这样才能更有针对性地创作短视频内容。

● **平台**：商家要选择合适的"种草"平台，例如，抖音就是一个拥有巨大流量的平台，一般在抖音发布短视频的"种草"效果比较显著。

● **方法**：为了获得更好的"种草"效果，商家要掌握有效的"种草"方法，突出商品的卖点。

在直播带货阶段，商家要思考如何提高直播转化率，为此商家要做好以下两个方面的工作。

● **在直播中突出商品优势**：通过短视频"种草"，用户往往对商品已经有了初步的了解，且存在需求，因此在直播带货这一环节，商家可以进一步强调商品的优势，进一步激发他们的购买欲望。

● **适当开展优惠活动**：商家可以在直播间发放一些商品优惠券，或者开展分享有礼、满赠等活动，以福利活动来激发用户的购买欲望。

↘ 9.1.1 抖音短视频的运营策略

良品铺子品牌创立于2006年，现在已经成长为中国休闲零食行业的头部品牌之一。能够取得这样的成绩，意味着良品铺子线上线下均衡发展的模式通过了市场的初步考核，也标志着用户对这一品牌的肯定与认可。不过，在品牌创始人杨红春看来，中国休闲零食行业前景广阔，竞争也日益激烈，要想把良品铺子做大做强，就要牢牢把握市场机遇，不断强化竞争优势，打造品牌的护城河。

2016年后，伴随着网络技术的成熟与普及，信息的传播逐渐从图文变成短视频形式。一方面，短视频平台的出现使短视频创作的成本和难度大大降低，只需要一部智能手机，人人都可以成为短视频的创作者或直播行业的主播；另一方面，与传统的图文相比，短视频将文字、图像、音乐等各种元素有效融合，拥有了更加丰富和形象的内容，这使短视频比图文信息的用户更加广泛。市场上出现各种短视频平台，而快速崛起的抖音引起了杨红春的特别关注。

杨红春敏锐地发现短视频改变了用户获取信息的来源，于是他决定开始尝试探索以抖音短视频为代表的新媒体传播方式。

2019年，良品铺子开始探索如何利用抖音向用户展示以品牌故事、产品价值为主的原创内容，进一步提升用户对品牌的认知度。同时，良品铺子尝试运用巨量千川对短视频平台投放的广告进行销售转化，经过一年的试水，发现尽管投放在抖音平台上的产品并非是线下门店和线上电商主流的爆品，但仍然可以在抖音平台上收获不错的回报。

2021年，杨红春决定组建创新电商业务团队，专门负责抖音电商渠道的运营。通过创新电商业务团队的有效运营，良品铺子在抖音积累了500多万的粉丝，沉淀了大量品牌人群资产，还加入抖音电商节点营销，在2021年抖音年货节开始的第一周就实现了GMV增速达164.5%的成绩。

通过复盘可以发现，良品铺子抖音电商运营成功的原因主要有以下几点。

1. 高端定位，抢占心智

良品铺子率先提出了"高端零食"的品牌定位，打造用户对"良品铺子=高端零食，高端零食=良品铺子"的认知。在抢占用户的心智时，良品铺子面对的第一个问题是：良品铺子在抖音电商渠道中的目标用户都有谁？

抖音的用户可以划分为八类人群，即精致妈妈、"Z世代"人群、小镇青年、都市蓝领、小镇中老年、资深中产、新锐白领和都市银发。良品铺子通过巨量引擎提供的数据发现，精致妈妈人群与良品铺子品牌目标用户最为匹配。

精致妈妈指的是25～35岁的女性，居住在一线、新一线、二线城市。一方面，精致妈妈们关心自己的美丽与健康，既希望享受零食的美味，也希望零食不会影响身体健康，使自己增加体重；另一方面，精致妈妈们往往是全家人的零食购买决策者，希望零食做到口味与营养兼顾，成为家庭佐餐的调剂。通过对过往的用户数据进行分析，发现精致妈妈在零食消费中往往具有高购买力和高复购率。

除了精致妈妈外，良品铺子还将"Z世代"人群和新锐白领作为辐射人群纳入抢占心智的范围中。其中，"Z世代"人群指的是16～24岁的中学生和在校大学生，他们往往热衷于尝试新的产品，是潜在的高频次消费群体；新锐白领指的是22～29岁的职场新人，他们处在一个消费自主升级的阶段，并且拥有较高的社交影响力。

2. 人群"破圈"，高效"种草"

由于抖音电商"货找人"的特性，为了获得更大的用户基数，良品铺子使用信息流推广，充分利用抖音的智能分发功能，快速精准触达更多的潜在用户，并结合搜索竞价推广，定位那些主动搜索的用户，做好搜索转化。

除此之外，引入达人营销，使用巨量星图和抖音热推的组合套装，使用户人群更高效地转入主动问询阶段。巨量星图是促成商家与抖音达人达成交易的平台。通过巨量星图，商家可以选择适合的达人，为产品进行推广或带货。抖音热推指的是将短视频内容推上抖音的热门榜，从而获得更大的热度和流量。

达人可以凭借其公信力向用户传递正向的口碑，从而使产品或品牌在曝光时就让用户产生兴趣。在热推的加持下，正向口碑带来的积极影响还会进一步放大。

在达人带货后，良品铺子对达人带货的素材和内容进行采购，经过剪辑后利用短视频进行进一步推广，对这部分内容进行"再加热"，使用竞价和信息流推广的方式覆盖更多的人群，给良品铺子带来了"破圈"效果。

3. 维持品牌热度，塑造高端形象

品牌形象是企业在用户的心中形成的一个长期印象，是企业业务长期可持续增长的重要保证。在抖音平台上，对品牌形象的测量可以通过净推荐值或口碑、品牌搜索次数、自然内容曝光数等指标进行衡量。

- **净推荐值或口碑**：计量某个用户将会向其他人推荐某个企业或品牌可能性的指数。
- **品牌搜索次数**：用户运用抖音搜索品牌相关内容的次数。
- **自然内容曝光数**：品牌通过自然流量使广告曝光于用户眼前的数量，如果品牌所产出的内容热度越高，获得的自然流量也可能越大，自然内容曝光数就会越大。

通过复盘发现，良品铺子在净推荐值或口碑和品牌搜索次数上表现较好，但在自然内容曝光数上需要提升。要想提升短视频的自然内容曝光，就要打造可以获得用户喜爱的短视频内容，方法如下。

- 把品牌内涵标签化，用2～3个关键词概括出来。
- 所有的短视频都围绕这些关键词来讲述品牌故事。
- 在打造内容时，要与抖音热门内容和用户喜好相结合，激发用户的情感共鸣。
- 与热门IP相结合，将关注IP的用户转化为品牌粉丝。

4. 矩阵化运营，触达不同需求人群

除了官方抖音账号外，良品铺子还在抖音平台建立了15个以品类划分的子账号，形成了矩阵式自营阵地。通过对这些子账号的运营给良品铺子带来了更多的流量入口，企业可以根据不同的产品选择不同的内容投放策略，从而加深用户对产品的认知，增强粉丝的黏性，提高转化率。

↘ 9.1.2　抖音直播的运营策略

良品铺子在借助短视频获得不菲的流量后，通过抖音直播承接流量，提升转化率，其运营策略主要有以下几种。

1. 优化选品，打造新爆品

在抖音平台上，用户往往是通过良品铺子的直播间和小店完成购物的，如果用户面临的选择过多，就容易增加选择成本。为此，良品铺子在产品组合上既会降低用户的选择成本，同时兼顾用户需求的多样性。

在产品包装上，由于抖音的目标用户群体中年轻人居多，所以产品包装要更加凸显良品铺子"颜值高"的特点。

很多用户在与主播互动时会问产品的口味、保质期、食品安全性和物流等问题，因此良品铺子在直播时会配合真人试吃或产品展示，消除用户的疑虑，刺激用户购买。

在爆品的定价方面，对高客单价的产品（单价大于150元）来说，往往在直播带货

的过程中配合优惠券来激发用户的购买欲望；而对中等价位的产品（单价90元～150元）来说，则应该在产品描述中凸显性价比。

2. 创建粉丝群，进行私域经营

良品铺子特别重视用户体验，通过为用户提供高价值的服务，不断提升品牌口碑。良品铺子创建了粉丝群，在运营粉丝群时做到了极其精细化的服务，具体以下。

- 群管理员每天分时段与粉丝沟通，预告直播内容和爆款上新时间。
- 积极回应粉丝提问，及时解决粉丝遇到的问题。
- 设立有效的红包互动机制，让粉丝形成打卡习惯。
- 运用裂变方式，促使粉丝吸引更多的用户进群。
- 组织粉丝线下活动，增强粉丝黏性。

3. 数据运营，以数据驱动营销

良品铺子一直注重数据驱动营销，在直播上也是如此，通过数据结果不断改进运营策略，提升营销的灵活性与敏捷性。良品铺子在直播运营的每一个环节都进行了科学的数据化洞察，最大化提升各个时段的有效性，对用户生命周期进行有效分析，因人而异地实施不同的策略，提高用户的留存率和转化率。

4. 以优质内容和服务建立信任关系

对于直播的价值判定，良品铺子没有把直播作为以交易为出发点的业务形式，也不提倡用低价形式获得短期转化，而是用优质的内容和服务让品牌与用户在直播中互动，建立深厚的信任关系，持续提升用户对品牌的喜爱度，从而打造品牌口碑，这是直播运营的关键。

⩗ 9.1.3 抖音短视频与直播的融合运营

良品铺子没有把短视频运营和直播运营分割开，而是在策划、推广和运营过程中将短视频与直播进行融合，把短视频与直播放在同一个流程中，使其成为服务用户、提升企业产品效益的联合方式，这主要体现在以下几个方面。

1. 洞察用户需求

一个爆品的打造是离不开对用户的洞察的。2021年，良品铺子在抖音成功打出高蛋白肉脯这一单品。这个产品打造的契机是良品铺子洞察到作为主要目标用户的精致妈妈人群的需求。

通过对用户后台数据分析，项目负责人发现精致妈妈边逛边买的比例很高，而她们购物的出发点大多是为了孩子和爱人。这个发现给了这位项目负责人很大的启发，他开始思考：如果是为了爱人而购物，那么良品铺子是不是可以打造一款男性用户喜爱的产品呢？

根据对男性用户的偏好调研，他选择了高蛋白肉脯。良品铺子的短视频内容多是以喜欢健身运动的男性视角来讲述故事，突出"高蛋白""营养"和"口味"等元素，更加贴近男性用户的偏好，满足男性用户对零食的需求；如图9-1所示。

图9-1　良品铺子高蛋白肉脯短视频

在直播过程中，主播配合优惠券和限时特价等手段突出产品的性价比，刺激精致妈妈为爱人购买零食。最终，良品铺子成功地将高蛋白肉脯打造成了爆品。

2. 抓住抖音电商营销节点

电商的营销节点是由平台发起、商家深度参与的营销活动，以销量和用户的双重增长为核心目标。抖音营销节点包括"抖音38节""抖音55潮购季""抖音6·18好物节""抖音8·18新潮好物节""抖音中秋礼遇季""抖音国庆新趋势周""抖音双11好物节""抖音双12好物季"和"抖音好物年货节"在内的9个大促节点。

2021年，良品铺子首次参加了"抖音8·18新潮好物节"。在活动期间，良品铺子主要推广两个爆款产品：猪肉脯和礼盒。

在节点的蓄水期，良品铺子通过品牌广告积累了大量意向程度较高的用户，通过达人和名人的短视频与直播活动让用户"种草"，同时还参加了"抖音新潮好物夜"的晚会，给良品铺子带来了流量。

在"抖音新潮好物夜"晚会现场，综艺网红达人在直播现场"种草"良品铺子的高蛋白肉脯。

综艺网红达人刘××爱上的是这款肉脯具有居家氛围的快乐陪伴属性："我平时就非常爱吃，朋友们如果在家追剧，看晚会，就可以备点这种零食。"

一直以来，良品铺子通过在直播中与用户面对面地沟通，不断倒推产品创新，迅速完成个性化响应。"幸运的小豆柴""果顽强""肉肉大满足"等社交礼包，均是良品铺子根据直播数据定制开发的创新产品，且均获得了无数用户的青睐。

"幸运的小豆柴"在"抖音8·18新潮好物节"期间爆卖，销售额超2400万元。这款产品贴合年轻人喜欢养宠物，想要实现"猫狗双全""人生赢家"的社交文化，让人忍不住想要"抱回家"。在这期间，良品铺子还通过巨量千川的精准引流和巨量云图的探索，使品牌会员数量及完成购买的用户数量得到快速增加，同比提升144%。

良品铺子推出了至少5场核心大专场，除锁定头部达人、圈选垂类达人外，自运营账号进入重点突破时期，日均销售额超过10万元。"抖音8·18新潮好物节"的战报更是创造行业纪录，良品铺子的品牌自播销售额与"6·18"期间相比，环比提升100%，在抖音自播榜居行业第一。

3. 借助热门综艺和名人效应

2022年8月25日至31日期间，以良品铺子16周年为契机，抖音电商超级品牌日转为良品铺子出谋划策，借助热门综艺和名人效应，聚焦高蛋白肉脯爆款产品，引爆了品销合一的营销效果。

《披荆斩棘的哥哥》第二季热播以来，良品铺子以指定高端零食合作伙伴的身份，携爆款单品高蛋白肉脯，助力哥哥们登上辉煌巅峰，并邀请其中两位名人担任品牌大使，传递高端零食的价值理念。

名人效应带来的正面营销效果是非常直接的，也让用户更容易接受，但由于现在很多品牌借助名人效应进行营销，为了洞悉名人效应的深度价值，实现长期可持续链接，良品铺子进行了整合策划。

首先，利用名人效应为整体活动加持热度。抖音平台联合良品铺子策划话题，聚焦站内UGC互动；提前通过某名人的抖音账号发布活动定制短视频，为28日该名人空降良品铺子抖音直播间预热，并在当日以直播间的趣味互动助力有效"种草"。另一位名人发布"种草"短视频，在短视频中说："我的生日不是一包高蛋白肉脯就可以解决的，OMB（One More Bag，再来一包）！"该"种草"短视频同步设置有奖互动活动，在良品铺子抖音直播间输入"指定评论+OMB"即可抽取生日福袋，有效地为直播间引流"种草"。

其次，发起话题挑战赛。活动期间，良品铺子在抖音平台发起话题挑战赛，全民任务从PGC向UGC扩散，形成全网热潮。经过"哥哥"、站内达人、大众网友一起"吃肉脯"，话题"哥哥的满级解馋变装"快速冲上抖音话题挑战榜的前4名，引发全民变装热潮，将名人和KOL的影响力真正转化为品牌的好感。各变装达人们将良品铺子高蛋白肉脯的卖点融入吃零食的核心场景，以"追剧解馋吃良品铺子、聚会玩乐吃良品铺子"为核心思想，推动该核心思想从粉丝圈急速扩散，借达人之手击破所在圈层。

最后，创意化名人直播营销链路，助力生意爆发。28日某名人在良品铺子抖音直播间全程趣味讲解货品，花式为粉丝争取福利，全场实时在线用户最高峰达到22万，GMV远远超出预期。

9.2 CHALI茶里淘宝短视频与直播融合运营

淘宝短视频的出现像是顺应媒介更迭做出的改变，在几年以前，"猜你喜欢"的商品展示还是以图文形式为主，产品详情页的介绍也多是静态形式的内容。从图文时代到短视频时代，企业和平台都需要不断自我调整，顺应时代。

淘宝平台目前有三种短视频形式，分别是首页短视频（见图9-2）、逛逛短视频（见图9-3）和搜索短视频（见图9-4）。

淘宝直播则串联淘宝平台各板块的全部消费场景，首先是直播贯通各个场域，从单一向树状型转变，流量更丰富，也就是说，淘宝直播将手机淘宝平台上现有的首页"猜你喜欢"、逛逛、搜索、有好货等环节实现贯通，同时和点淘打通，范围更大，受众更广。

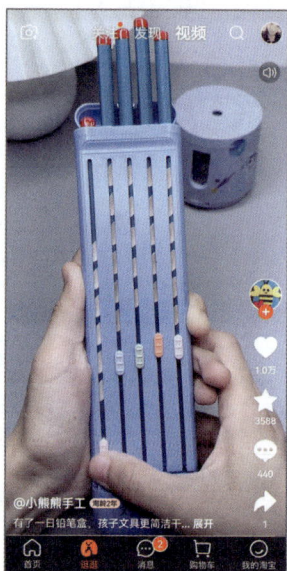

图9-2　首页短视频　　　　图9-3　逛逛短视频　　　　图9-4　搜索短视频

淘宝直播还重新推出流量分配机制，针对各个场景标准形成统一的算法分发，给生态提供统一的成长路径及内容指挥棒，并对首页的"猜你喜欢"进行全新改版，实现商品、短视频、看点、直播的全屏统一展现，释放内容生态流量。

站在商家角度，淘宝直播打通各个环节，能够带来新流量。商家可以在淘宝直播平台实现短视频与直播联动，最大程度地触达用户，提升曝光度。

在电商竞争的流量时代，无论何种类型平台，其最终的诉求都是从决策到交易再到购买的闭环形成。因此，淘宝直播开始更加注重双轮启动增长，即以"内容种草+成交爆发"双轮驱动，助力商家和主播的成交量增长，通过"鲜明人设+差异化直播场景"新增内容时长的赛道，为优质内容做好分发路径基础。

↘ 9.2.1　淘宝短视频的运营策略

CHALI茶里于2013年8月在广州创立，是中国高端茶饮品牌，也是专业的茶服务提供商，自2014年推出第一代八款商品以来，一直致力于用时尚、流行的方式演绎正宗的中国茶饮品文化。通过全渠道营销，CHALI茶里已经形成良好的品牌形象和影响力，成为中国茶行业的新零售标杆。

到了短视频和直播时代，CHALI茶里紧跟时代，很快就在淘宝平台布局短视频与直播业务，通过发布优质淘宝短视频进行"种草"，强化了用户对商品的认识和印象，形成了正向宣传，从而刺激了用户的消费欲望。

根据淘宝短视频的类型不同，商家可以从以下4个阶段布局进行短视频宣传推广，如表9-1所示。

表9-1　淘宝短视频阶段性布局

阶段	说明
第一阶段：制作主图短视频	商品数量不到50款的店铺，要做到主图短视频全覆盖；如果店铺商品数量超过100款，要保证80%的主图短视频覆盖
第二阶段：制作微详情短视频	一般来说，商家要保证主推款有1条主图短视频和2条微详情短视频，这些是已经有标签、有权重的商品，当它们进入公域流量池，商家就需要将这些流量抓住，提升转化，巩固标签
第三阶段：制作全屏页短视频	商家要保证店铺热销前十名的商品或趋势新品都有全屏页短视频，一个商品可以挂50条短视频。由于微详情短视频只能上传2条，商家可以通过全屏页短视频在更多场景展示，增加流量曝光
第四阶段：制作站外"种草"短视频	商家可以在抖音、小红书等站外平台通过短视频"种草"，但要记得在"种草"的同时做站外关键词导入

CHALI茶里在店铺中陈列的商品几乎都有主图短视频，任意选择某款商品进入商品界面，就会看到主图短视频，这些主图短视频直观地展示了商品的特征，能够激发用户的购买欲望，如图9-5所示。

图9-5　CHALI茶里的淘宝主图短视频

蜜桃乌龙茶是CHALI茶里的主推款商品，除了主图短视频以外，店铺还制作了2条微详情短视频（见图9-6），分别展示了商品的使用场景和DIY茶饮的感受。

图9-6 蜜桃乌龙茶的微详情短视频

CHALI茶里并没有在官方店铺投放全屏页短视频，但逛逛板块中有很多达人通过制作全屏页短视频来介绍和推荐CHALI茶里的各种商品，并在短视频下方附上CHAI I茶里官方旗舰店的商品链接，如图9-7所示。

图9-7 CHALI茶里的全屏页短视频

9.2.2 淘宝直播的运营策略

CHALI茶里通过淘宝短视频获得了巨大的流量，然后通过淘宝直播进行流量变现。为了最大限度地提高淘宝直播运营的效果，CHALI茶里运用了以下策略。

1．研发产品，提升品质

CHALI茶里打造爆品的逻辑是把产品做好、把产量做足、通过全渠道营销推广。对茶饮产品来说，把产品做好的最重要的一点是让产品好喝。从生产者的角度来看，要想在用户心中留下"好喝"的印象，可以分拆的维度有4个，即嗅觉、感觉、味觉和视觉。这是CHALI茶里独有的"CFDS四觉评审体系"，通过嗅觉、感觉、味觉和视觉来把控品质，再加上供应链对产品品质的保证，这是引爆效果的基础。

2．确定产品的目标用户人群

CHALI茶里的目标用户人群以年轻、时尚，过着精致的生活的女性为主，淘宝直播的一些头部主播的粉丝也会是CHALI茶里的目标用户人群。

除此之外，CHALI茶里还会关注很多生活类、美食类等与饮茶的场景相关的直播间，这些都是CHALI茶里可以合作的对象。

总结起来，CHALI茶里的直播投放策略主要有两个，一是抓顶流主播所在的直播间，二是抓带有场景化内容、有更精准垂直人群的直播间。

3．找准直播对品牌的价值

对品牌方来说，直播的价值有两个方面，一是实现销售提升，二是兼顾品牌宣传，达到品效合一的效果。品牌方的广告应当投放到用户所在的地方，以前是电视、广播、电影和综艺，而现在主要是直播间。

CHALI茶里做淘宝直播的主要目的是实现销售提升，在直播间，CHALI茶里的原则是守住价格底线，不给出特别低的折扣，而是以追加赠品的方式为品牌做加分项。例如，在直播间中，CHALI茶里给出的价格为折后价139元，日常价为198元，大约是7折，折扣力度并不是特别大，但会增加抽奖、加入会员领优惠券、满赠福利、购物金首单礼等优惠措施，如图9-8所示。

图9-8　CHALI茶里直播间的优惠措施

4. 合理介绍和展示商品

CHALI茶里淘宝官方旗舰店的某主播在直播一开场就向用户打招呼，并介绍直播间的福利："大家下午好，欢迎来到茶里的官方旗舰店，大家来到旗舰店可以点一下关注，加入店铺会员，今天的福利非常多，而且我家的满赠满减也给大家升级了，包括今天的一号链接，92包茶，这么多的茶加上赠品，只需要139元，与日常价格相比更加优惠一点。"

在整场直播中，该主播主要介绍商品的原料、口味和使用场景，以及商品的优惠措施和赠品（如折叠筐、收纳袋等）。在介绍商品时，该主播会让助理帮忙冲泡该款茶饮并现场试喝，用户也可以看到冲泡的色泽，形成直观的印象，如图9-9所示。例如，主播在讲解桂花乌龙茶时，重点介绍了该款茶饮的口感、饮用时间等："47号链接是桂花乌龙，大家有没有喜欢这种清爽口味的茶的？这款茶叶搭配了广西的金桂花和安溪铁观音，再加上甘草，甘草主要是为了调和茶性，让大家喝完有一种回甘回甜的感觉，同时你看到它都是独立包装，只要打开外包装盒就能闻到浓郁的桂花香味，喝起来又有安溪铁观音的清爽口感。这款茶我觉得很适合大家早上起床的时候去喝，因为正好是乌龙茶，不会那么刺激，当然，下午喝也是可以的。这样，我们让小哥来给大家冲泡一下。"

图9-9　主播让助理冲泡茶饮并现场试喝

5. 直播引流

主播可以在直播开始前或直播进行中通过各种方式为直播间引流，以增加直播间的人气。

（1）转发抽奖

CHALI茶里的直播间设置了转发抽奖的功能，用户只要点击分享按钮，将直播间分享给微信好友、QQ好友，或者分享到淘友圈、微博、支付宝，用户就可以获得抽奖资格。为了获得抽奖资格，很多用户会积极转发分享，使直播间的人气得到提升。

（2）"订阅"界面引流

用户关注CHALI茶里的官方旗舰店以后，可以实时接收CHALI茶里的淘宝信息，包括短视频、图文和直播等。如果店铺正在直播，用户会在"订阅"界面看到旗舰店账号头像右侧的"直播中"标识，点击该标识即可进入店铺直播间。

↘ 9.2.3 淘宝短视频与直播的融合运营

逛逛是淘宝平台打造的内容社区，普通用户、商家、专业的内容创作者都可以开通逛逛并分享内容，用户也可以通过浏览逛逛获得自己想要的信息，并购买商品。

商家可以将逛逛作为一个与用户进行互动的内容阵地，通过内容营销增加品牌曝光量和热度。商家可以在逛逛账号中以图文或短视频的形式发布笔记、话题等，通过内容互动加深与用户的联系，为其提供全新的内容消费体验，图9-10所示为"CHALI天猫官方"逛逛账号主页。

商家可以在笔记、话题中的内容下方添加商品链接（见图9-11），用户在浏览这些内容时可能会被打动，点击其中的商品链接进行下单。

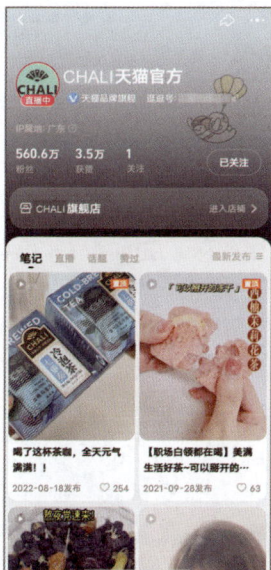

图9-10 "CHALI天猫官方"逛逛账号主页

图9-11 添加商品链接

逛逛账号可以显示商家的直播情况，对于正在直播的账号，逛逛账号主页的头像会显示"直播中"（见图9-12），且主页中的"直播"板块、逛逛账号发布的图文或短视频内容界面头像（见图9-13），以及手淘逛逛板块"发现"界面信息流中的账号头像、"关注"界面信息流中的头像均会显示直播状态（见图9-14）。因此，商家要懂得充分运用逛逛为直播进行引流。

具体来说，商家可以采用以下策略运用逛逛来为直播引流。

1. 设置直播预告

商家要在逛逛账号的直播板块设置直播预告，写明账号开播时间、直播间福利点，提醒用户准时进入直播间。

图9-12 逛逛账号主页

图9-13 短视频内容界面

图9-14 "关注"界面信息流

2. 发布引流短视频

在直播开始前，商家可以在逛逛账号中发布引流短视频，吸引用户进入直播间。引流短视频中要包括开播时间、进入直播间的方式、直播福利、直播商品等信息。

对日常直播来说，其引流短视频的时长在15秒左右为宜，最晚在开播前3小时发布；对大型活动直播来说（如"6·18"直播、"双十一"直播等），其引流短视频的时长不宜超过3分钟，商家可在大型活动直播开始前1~3天，每天坚持发布引流短视频。

3. 发布日常运营短视频

在日常运营中，商家可以在逛逛账号中发布各类有趣、有料的短视频，如开箱测评短视频、介绍商品选购技巧的短视频、介绍食品花样吃法的短视频、介绍服装穿搭技巧的短视频等，通过这些短视频来加深用户对品牌和商品的认知度和信任感，沉淀私域流量，然后商家通过直播刺激用户产生购买行为。

此外，商家还可以与逛逛中的KOL合作，邀请他们在其账号中发布一些与商品相关的短视频，或者发布一些介绍开播时间、直播福利的短视频作为直播引流短视频，借助KOL的影响力对用户进行"种草"，然后通过商家直播吸引用户下单。

课后实训：分析短视频与直播融合运营案例

1. 实训目标

通过品牌案例深刻了解短视频与直播融合运营的策略和技巧。

2. 实训内容

4人一组，以小组为单位，搜集合适的品牌案例，要求这些案例可以体现短视频与直播融合运营的方法、策略，小组成员互相讨论和分析，提炼其共性策略。

3. 实训步骤

（1）搜集品牌案例

搜集擅长新媒体运营的大品牌，如海尔、格力、小米、华为等，选择其中一个品牌，搜集该品牌进行短视频运营、直播运营和短视频与直播融合运营的资料。

（2）整理案例资料

小组成员把搜集到的资料整理出来，列出品牌用到的运营策略。

（3）分析讨论

小组成员互相讨论和分析，阐述各自所选品牌运用的策略是否有效，是否能够运用更为有效的策略，讨论结束后生成分析报告。

（4）实训评价

进行小组自评和互评，撰写个人心得和总结，最后由教师进行评价和指导。

课后思考

1. 在短视频"种草"阶段，商家要思考哪些方面？
2. 淘宝平台有哪些短视频形式，如何进行短视频宣传推广？
3. 商家可以采用哪些策略运用逛逛来为直播引流？